W0252551

Flegeljahre in der Eifel

Kindheit und Jugend in einem Eifeldorf

Bernd Schlimpen

Helios

Titelbild:
Aquarellzeichnung von Walter Wilde, Daun-Waldkönigen

Die Herausgabe dieses Buches wurde finanziell durch
die Bezirksregierung Trier gefördert.
Für diese Unterstützung sei herzlich gedankt!

Alle Rechte, insbesondere das Recht der Vervielfältigung und Verbreitung
sowie das Recht der Übersetzungen vorbehalten.
Kein Teil des Werkes darf in irgendeiner Form
durch Fotokopie, Mikrofilm oder ein anderes Verfahren
ohne schriftliche Genehmigung des Verlages reproduziert
oder durch Verwendung elektronischer Systeme verarbeitet,
gespeichert, vervielfältigt oder verbreitet werden.

Impressum

© Copyright 2000 by
Helios Verlags und Buchvertriebsgesellschaft
Postfach 39 01 12, 52039 Aachen
Tel.: (02 41) 55 54 26; Fax: (02 41) 55 84 93
Bitte fordern Sie beim Verlag aktuelle Informationen zu lieferbaren Titeln an.

Printed in Belgium

ISBN 3-933608-12-0

Inhalt

Vorwort

Von mir kann ich sagen, daß ich das Glück gehabt habe, in einem richtigen Eifeldorf aufwachsen zu dürfen. Schalkenmehren war noch bis in die sechziger Jahre hinein vorwiegend landwirtschaftlich geprägt. Das Dorf war unsere kleine Welt. Die Dorfgemeinschaft hielt eng zusammen, und man war noch weitgehend unter sich. Man tratschte, stritt sich dann und wann auch mal, aber man hielt zusammen und half sich, wenn es nötig war. Vor allem tolerierte man den anderen. Niemand wurde ausgegrenzt, und selbst mit skurrilen oder schwierigen Dorfgenossen versuchte man auszukommen. Davon gab es immer welche, und gerade sie waren es, die unsere Phantasie beim Aushecken neuer Streiche beflügelten.
Das alles ist schon lange her, und viele der damals Beteiligten sind nicht mehr oder haben aus wer weiß welchen Gründen das Dorf verlassen. Mit ihnen drohen auch die Erinnerungen dahinzugehen, was die Älteren zutiefst bedauern. Den Jüngeren dagegen fällt es immer schwerer, sich mit ihrem Dorf zu identifizieren, weil ihnen seine Vergangenheit nicht mehr bewußt ist. Für sie wird es gesichtslos.
Dieses Buch beabsichtigt, dagegen etwas zu tun. Die „Flegeljahre in der Eifel“ sind eine Sammlung von Geschichten, die sich so – oder fast so – zugetragen haben und für die unser Dorf einst die Bühne abgegeben hat. Es möchte Erinnerungen wecken an Zeiten, die so weit noch gar nicht von uns entfernt sind. So manchem könnte das eine oder andere sogar vertraut vorkommen. Um so mehr wird er heute darüber lachen können, auch wenn ihm damals vielleicht nicht so sehr danach zumute gewesen sein mag.

Zum Abschluß möchte ich es nicht versäumen, mich bei all denen sehr herzlich zu bedanken, die mir bei der Arbeit mit Rat und Tat zur Seite gestanden haben. Herzlichen Dank auch an Herrn Heinz-Jürgen Rieden, der die Korrektur übernommen hat, an Herrn Franz Josef Ferber als ausgezeichneten Kenner des Eifeldialekts, und nicht zuletzt ergeht mein besonderer Dank an Herrn Karl-Heinz Pröhuber, den Inhaber des Helios Verlags, der mir die Möglichkeit gegeben hat, die Eifelliteratur um ein weiteres Werk, wie ich hoffe, zu bereichern.

Schalkenmehren, im April 2000 Bernd Schlimpen

Das Maardorf Schalkenmehren zu der Zeit, als unser Autor noch in den Flegeljahren steckte.

Foto: Heimweberei-Museum Schalkenmehren

Mißernte

Es ist erst wenige Jahrzehnte her, daß Schalkenmehren, in dem ich geboren und aufgewachsen bin, noch so ein richtiges Eifeldorf war, aber es kommt mir so vor, als sei es erst gestern gewesen. Wir Kinder konnten frei umherstreifen und kannten jeden Winkel im Dorf und draußen in der Flur, ein wahres Paradies, in dem man uns viel Platz ließ für unser Spielen und unsere Phantasie. ‚Man', das war die Dorfgemeinschaft, in der wir uns sicher aufgehoben wußten und die uns immer im Auge behielt, auch dann, wenn wir uns ganz unbeobachtet fühlten. Das war auch nötig, denn bei uns Pänz, besonders als wir ins berüchtigte Flegelalter hineinwuchsen, wußte man nie, auf welchen Unfug wir gerade mal wieder gekommen waren.

Gelegenheiten hierzu gab es immer. Da waren zum Beispiel die Gärten, in denen Gemüse und Obst für den Eigenbedarf der Familien gezogen wurden und auf die man darum sorgsam achtgab. Im Frühsommer, wenn die Erdbeeren reiften, war es eine schier unwiderstehliche Herausforderung, uns im Schutze der abendlichen Dämmererung an die verlockenden Früchte heranzumachen, ohne dabei ertappt zu werden. Oder wenn zum Herbst hin am Rande des Dorfes und in der weiteren Flur die Pflaumen-, Birnen- und Apfelbäume zum Pflücken bereit standen, waren natürlich wir zuerst zur Stelle.

Mir hatte es ein bestimmter Apfelbaum ganz besonders angetan. Er trug herrliche golden-rote Früchte mit einem wunderbaren Geschmack, meine erklärten Lieblingsäpfel. Leider stand dieser Baum nicht allzu weit von den Gehöften entfernt, so daß anzunehmen war, daß auch sein Besitzer ihn nicht unbeobachtet lassen würde. Was war also zu tun?

In solchen Fällen beriet ich mich mit Holly, meinem besten Freund. Für irgendeinen Streich war der immer gut, und er steckte voller verrückter, manchmal schon gefährlicher Ideen. Holly redete mir meine Bedenken nicht nur ganz schnell aus, sondern ermunterte mich geradezu mit dem einleuchtenden Argument: „Däi Motter mos doch de janz Äpel keefe. Jo dir doch es e poar Steck holle!" Daß ich meiner Mutter mit ein paar vom Nachbarn ‚geschenkten' Äpfeln sogar eine Freude bereiten könnte, beflügelte meinen Entschluß. Dafür konnte man schon mal fünf Minuten Angst riskieren, und außerdem, so ein bißchen Mundraub tat doch wirklich keinem weh.

Zur verabredeten Stunde nach Beginn der Dämmerung trafen wir beide uns am Tatort. Holly stand Schmiere und machte sich hinter einem Busch unsichtbar. Ich hatte eine weite, sehr praktische Trainingshose angezogen mit festem Gummizug um die

Aufsammeln des Fallobstes

Aus Ingo Konrads (Hrsg.) Vergessenes Land – Wiederentdeckte Eifelfotos von Joseph Jeiter, S. 18; Aachen 1996

Knöchel, wie geschaffen für Transporte aller Art. Hier hinein stopfte ich die Äpfel, die ich nun in aller Hast von den Zweigen riß. Es wurde eine schöne Anzahl, und im Geiste sah ich schon das erfreute Gesicht meiner Mutter vor mir. – Tatsächlich aber sah ich statt dessen das wütende Gesicht des Apfelbaumbesitzers vor mir. Wie aus dem Boden gewachsen stand er plötzlich da, holte mit einem kräftigen Knüppel aus und ging damit auf mich los. Ich stand wie gelähmt, teils vor Schrecken, teils weil ich meine Hose so voll Äpfel gestopft hatte, daß ihr Gewicht eine Flucht unmöglich machte. Der aufgebrachte Bauer schlug blindlings auf mich ein und ließ erst von mir ab, als ich vor

De Äpel aus dem Joarte vom Noapa

Foto: Verfasser

Schmerz jaulend am Boden lag. Zornrot verschwand er, wie er gekommen war. Er hatte mich windelweich geprügelt – und die Äpfel in meiner Hose leider auch.

Ohne die erhoffte Beute, zerschlagen und gedemütigt, rappelte ich mich auf. Da tauchte auch Holly aus seinem sicheren Versteck hinter dem Busch wieder auf. Er bemühte sich um eine mitleidig-ernste Miene und tröstete mich auf seine Weise: „Maach dir näist draus, wäile kans dau keen Äpel mie heemdroan. Ewwer wenn dau de Bocks ausdees, hott däi Motter direkt Äpelschmerres, unn dat oß joot däier!"

Bäckers Frieda

Im Dorf gab es mehrere Ackergäule, darunter ein besonders stämmiges und treues Arbeitspferd. Es hieß Frieda und gehörte dem Bäcker Anton, kurz Bäcker Tunn genannt. Der war schon ein älterer Mann, wohl um die siebzig, und wir wußten natürlich, daß es nicht unbedingt ins Feld ging, wenn er sein Pferd einspannte.

Wir hatten damals fünf Gasthäuser im Ort. Frieda kannte die Wege ihres Herrn, denn nach nur kurzer Strecke machte das kluge Tier bei der ersten der fünf Stationen halt. Tunn in seiner weißen Bäckerschürze stieg ab, steckte die Schmeck, die er eigentlich nie benötigte, am Wagen fest und begab sich in die Wirtschaft. Dort trank er seinen Korn, auch mal zwei oder drei, und manchmal konnte es schon etwas dauern, ehe er wieder draußen erschien. Hier erwartete ihn in aller Geduld Frieda, und die Fahrt wurde fortgesetzt.

Pitter, größer und stärker als wir anderen und darum unser Anführer, kam da so ein Gedanke, als Bäcker Tunn wieder ein-

Bäcker Tunn
Foto: Heimweberei-Museum Schalkenmehren

mal in und Frieda vor einer Wirtschaft eine Arbeitspause eingelegt hatten. Er stieg auf den Wagen und befahl uns ebenfalls aufzusitzen, ergriff die Schmeck und kommandierte: „Ho, hü, hotz unn haa!“ Frieda spitzte die Ohren und setzte sich gehorsam in Bewegung. Was hatte Pitter bloß vor? Verraten wollte er noch nichts, aber er ließ Frieda die Richtung zum Wald einschlagen.

Dort angekommen, klärte er uns auf: „Su, wäile loadden mir en anständije Woan Holz unn foarren opp de Sankt Martinsplaaz!“

Ein treuer Helfer

Foto: Verfasser

Richtig, das Fest unseres Kirchenpatrons stand bevor, und wir Jungen hatten traditionell das Brennholz für das Martinsfeuer heranzuschaffen, ein tagelanges und mühsames Herankarren auf kleinen Handwägelchen. Toll, der Pitter! Reisig, Baumreste, Astwerk, was so herumlag, flog auf den Wagen, und ab ging`s mit der Fuhre zum Feuerplatz.

Das Ganze hatte doch einige Stunden gedauert, aber Pitter konnte Frieda samt Wagen unbemerkt und fachmännisch vor der letzten Kneipenstation wieder abstellen. Und da stand Frieda am späten Abend noch immer. Denn als Bäcker Tunn seine Frieda vor der Tür nicht mehr vorgefunden hatte, war er auf der Schwelle umgekehrt und hatte seinen Kummer im Korn ersäuft. Der Wirt mußte sich um beide kümmern. Den Tunn schaffte er nach Hause und danach die verwaiste Frieda in ihren Stall.

Sankt Martins-Feuerwerk

Endlich waren wir im letzten Schuljahr angekommen. Als die Ältesten unserer achtklassigen Volksschule fühlten wir uns mächtig stolz und auch schon ziemlich erwachsen. Letzteres hätten wir, drei unzertrennliche Freunde, natürlich auch gerne unter Beweis gestellt. Das Dorf und alle Welt sollte sehen, wozu wir fähig wären.

Die Gelegenheit dazu bot sich bald. Sankt Martins Namensfest rückte heran, und wie es seit langem der Brauch ist, wird am Abend des Festtages nach dem Martinszug ein großes Feuer entzündet. Die Vorarbeiten hierzu lagen traditionsgemäß in den Händen der Schulabgänger, die für das nötige Brennholz und Stroh zu sorgen hatten. Hier war sie, unsere Bewährung!

Schalkenmehrener Kinder beim Sammeln für das Martinsfeuer

Foto: Adolf Hees, Schalkenmehren

Mit Eifer begaben wir uns ans Werk, das genau genommen darin bestand, daß Kinder aus den unteren Klassen reichlichst Holz und alles Brennbare heranzuschaffen hatten, während wir, die Hände lässig in den Hosentaschen, Befehle erteilten, Anweisungen gaben und überhaupt für das Ganze die Verantwortung trugen. Dieses Martinsfeuer, so hatten wir uns ehrgeizig vorgenommen, sollte nicht irgendeines werden wie etwa das unserer lahmen Vorgänger vom letzten Jahr, nein, es sollte ein ganz besonderes werden, ein noch nie dagewesenes Feuer. Entsprechend trieben wir unsere Sammlerkolonne zu Höchstleistungen an. Das Ergebnis konnte sich sehen lassen. Ein mächtiger Holzhaufen war zusammengetragen worden. Aber unser Ehrgeiz verlangte nach mehr. Es fehlte noch irgendetwas, das Außergewöhnliche, noch nie Dagewesene, etwas, wovon man noch lange im Dorf erzählen würde. Schließlich ging es um den Ehrentag des Kirchenpatrons unserer Gemeinde.

Die Lösung fand sich auf der unweit vom Dorf gelegenen Müllkippe. Hier entdeckten wir gleich kartonweise aufgebrauchte Haar- und Körperspraydosen, von denen viele allerdings nicht sorgfältig entleert worden waren. So etwas gehörte zwar nicht zum Martinsbrauchtum, aber wir nahmen die Dosen kurz entschlossen mit und verteilten sie im Stroh unter dem hohen Feuergerüst. Alles war bestens vorbereitet, und der ersehnte Abend kam heran.

Wir hatten die Ehre, Sankt Martin mit selbstgefertigten Fackeln aus Sackleinen und Bohnerwachs begleiten zu dürfen. Der Zug setzte sich in Bewgung, voran Sankt Martin hoch zu Roß im weiten roten Soldatenmantel, goldblinkendem Helm und an der Seite das Schwert, mit dem er einst seinen Mantel in zwei Hälften zerteilt hatte. Die Kinder mit glänzenden Augen sangen die alten schönen Martinslieder, stimmkräftig unterstützt von ihren Müttern, und folg-

Sankt Martin
Foto: Udo Zielke, Schalkenmehren

ten dem heiligen Mann mit ihren bunten Lichtern und Laternen zur Anhöhe vor dem Dorf, wo unser Wunderwerk auf seine Vollendung wartete.

Oben angekommen, stellten sich alle, Sankt Martin voraus, in respektvollem Abstand um den Holzstoß herum auf und warteten auf das Anzünden. Unsere große Stunde war da! Mit Schwung flogen unsere Fackeln unter das Holz, entzündeten das Stroh, kleine Flammen züngelten hoch, und im Nu loderte ein mächtiges Feuer mit einem riesigen Funkengestöber darüber. Wir waren selbst tief beeindruckt vom Erfolg unserer Mühen.

Während wir den Triumph genossen und stolz aufs Feuer und in die Runde blickten, änderte sich die Szene buchstäblich explosionsartig. Plötzlich krachte, knallte und zischte es, und Spraydosen fuhren als heulende Geschosse aus den Flammen. Die frohe Gemeinschaft erstarrte vor Schrecken. Als erstes scheute Sankt Martins Pferd, bäumte sich auf und drohte seinen stolzen Reiter abzuwerfen. Dann kreischten die entsetzten Mütter auf, ergriffen ihre weinenden Kinder, und alles stob in Panik auseinander.

Unser Wunderfeuer! Da standen wir drei, verdattert und erschrocken, eingehüllt vom bestialisch stinkenden Qualm der Autoreifen, die wir ganz unten drunter versteckt hatten. Nicht einmal die sonst so heiß begehrten Martinswecke, von denen diesmal reichlich übrig waren, mochten uns schmecken. Und nicht genug damit, tauchte aus dem Dunkel unversehens unser Lehrer auf, baute sich bedrohlich vor uns auf, verpaßte jedem eine saftige Ohrfeige und verschwand, ohne ein Wort zu sagen, wieder im Dunkeln.

Eines wenigstens blieb uns: Es war ein außergeöhnliches Martinsfeuer geworden, und man würde noch lange im Dorf davon erzählen.

Verkorkste Ferien

Wie ein jeder weiß, sind das Schönste an der Schule die Ferien. Wir Kinder verbrachten sie in der Regel zu Hause. An weite Reisen in ferne Länder konnte damals noch kaum einer denken geschweige denn sie bezahlen. Wir spielten den lieben langen Tag im Dorf oder in der Flur, wo es unendlich viel zu entdecken gab, und wir vermißten nichts.

Um so überraschender empfand ich Mutters Ankündigung: „Bernd, nächst Woch oß de Vatter dohäim unn do foarre ma en Woch no Rübenach bäi de Tant Marianne un Ferie.“ Ich reagierte nicht gerade begeistert, denn zum einen durchkreuzte diese

Viadukt bei Daun

aus Hermann Elenz: Schienen, Dampf und Kohlenstaub – Zur Geschichte des Eisenbahnbaus in der Eifel, Seite 88; Aachen 1996

Reise meine eigenen Vorstellungen von richtigen Ferien und zum anderen lag mir an der Rübenacher Tante überhaupt nichts. Das einzig Reizvolle an der Sache war vielleicht, daß wir einen Abstecher ins nahe gelegene Koblenz machen könnten. Eine so große Stadt hatte ich noch nie gesehen, und schließlich wollte ich mich vor den Freunden mit irgend etwas Außergewöhnlichem brüsten können. So fand ich mich denn mit der ungeliebten Ferienreise ab und trottete taschenbepackt hinter den Eltern her zum Schalkenmehrener Bahnhof.

Ehemaliger Bahnhof Schalkenmehren

Foto: Markus Schröder, Eisenbahnfreunde Daun

Ab Daun fuhr der Bummelzug in die mir noch unbekannte, große und weite Welt hinein: Utzerath, Ulmen, Mayen, Polch und wie die Stationen alle heißen mochten. Voller Neugier nahm ich die Bilder der vorüberziehenden Landschaft mit den malerisch darin verstreuten Dörfern in mich auf. Die Zeit verging dabei wie im Fluge, und viel zu früh hörte ich den Zugschaffner die letzte Station ausrufen: Rübenach! Rüübenach!! – Meine erste Weltreise ging leider schon zu Ende.

Tante und Onkel holten uns an der Bahn ab. Händeschütteln, Umarmung, Küßchen. Ich bekam auch eins aufgeschmatzt und wischte mir unwirsch und verlegen den Mund ab. In unserem Feriendomizil versammelte sich bald auch die übrige Verwandtschaft und drängte sich in der guten Stube bei Kaffee, Bier und schärferen Sachen eng aneinander. Das große Erzählen ging los über Gott und die Welt und wer mit wem verwandt oder verbandelt war, nur was mich interessiert hätte, die Fahrt nach Koblenz, davon sprach keiner. Irgendwann erinnerte sich der Onkel, daß ich ja auch noch da war. Ihm fiel aber nichts Besseres ein, als sich nach meinen Schulnoten zu erkundigen. – Wo war ich bloß gelandet? Eine Woche sollte ich das nun aushalten, und zu allem hatten die hier noch nicht einmal einen Fernseher!

Endlich erhielt ich die Erlaubnis, mich draußen etwas umsehen zu dürfen. Erleichtert rutschte ich vom Stuhl, um Haus und Grundstück in näheren Augenschein zu nehmen, ob sich nicht etwas gegen die tötliche Langeweile finden ließe. Was gab's zu entdecken? Einen ausgetretenen Betonweg, auf dem ich Kästchenhüpfen versuchte, was aber keinen sonderlichen Spaß machte. In mächtigen Pflanzenkästen nebenan wucherte irgend so ein Unkraut mit großen, etwas schlaff herunterhängenden Blättern. Das langweilte sich wohl auch.

Um die Hausecke herum befand sich ein Schuppen. Schon interessanter. Aus der ziemlichen Unordnung, die in seinem Inneren herrschte, stach mir ein großer Blechkanister mit einigen Pinseln darin in die Augen. Ich zog ihn ans Tageslicht und stellte fest, daß er zur Hälfte mit einer schwärzlichen Flüssigkeit gefüllt war. Das konnte nur Farbe sein. Sie war schon ganz steif geworden und drohte völlig einzutrocknen, wenn sie nicht bald verarbeitet würde. – Was könnte denn einen frischen Anstrich vertragen? Der Schuppen? Nein, der sah noch passabel aus. Aber der Betonweg, der hatte es bitter nötig! Also machte ich mich an die Arbeit und verwandelte das schmutzige Grau des Betonweges in ein freundlicheres Braun. Der Farbrest im Kanister reichte auch noch für das großblättrige Unkraut in den Pflanzenkästen, das nun farblich dem Betonweg angeglichen wurde. Was ich im Eifer meiner Verschönerungsbemühungen allerdings nicht bemerkt hatte war, daß ich selbst von der Farbe einiges abbekommen hatte. Arme, Beine und vor allem meine guten Sonntagssachen, die ich eigens für den Besuch hatte tragen müssen, waren über und über mit brauner Farbe bekleckert.

Im Hause hatte man bei all den Gesprächen lange Zeit von meiner Abwesenheit keine Notiz genommen. Doch plöztlich wurde mein Vater unruhig. So lange von mir nichts zu sehen und zu hören war ihm höchst verdächtig. Ahnungsvoll eilte er auf den Hof und erfaßte mit einem Blick die Lage. „Kutt eß flott kucke, dä Kärl hott de janze Hoff unn dc Gummibäem mott Altöl jestroch!“

Als erste erschien Tante Marianne in der Haustür, schlug entsetzt die Hände über dem Kopf zusammen und jammerte verzweifelt in ihrem Rübenacher Ausländisch: „Awei gien meer de ganz orm Planze zom Deiwel!“ Dann griff sie entschlossen nach mir, schleppte mich zur Badewanne, schrubbte mich ab, zog mir ein viel zu großes Nachthemd über und steckte mich ins Bett. Ich fühlte mich unverstanden und begriff die ganze Aufregung nicht. Als ich aber im Nebenzimmer meinen Vater laut und verärgert beschließen hörte: „Hätte ma doch noch fresch Klamotte motbroch, weile kinne ma mur atweer häimfoarre“, fand ich, daß sich meine Arbeit doch noch gelohnt hatte.

Der Herr Bischof

Ich kann mich noch gut erinnern. Unser Schlafzimmer war nur über eine Leiter zu erreichen, und täglich mußten wir mit unserer Mutter in Eimern und Bütten auf dem Handwagen Lava aus der Grube herankarren, die zwischen die Deckenbalken gefüllt werden sollte. Bei uns wurde gebaut, und da mein Vater im fernen Düsseldorf arbeitete, gab es für uns die Woche über viel zu tun. Für mich war die Baustelle natürlich ein herrlicher Tummelplatz. Traufel, Richtschnur, Wasserwaage und Sandhaufen – alles eignete sich bestens zum Spielen. Die Bauarbeiter fanden es weniger schön, wenn sie mal wieder ihr Werkzeug suchen mußten, und manchmal verjagte mich einer mit dem Wasserschlauch. Überhaupt schienen sie mir ziemlich unfreundlich zu sein, nörgelten sie doch ständig wegen irgendwelcher fehlender Dinge. Hakte es mal wieder, machten sie Pause und fügten den leeren Bierflaschen in den Speisbütten einige weitere hinzu. Ich glaubte, das gehöre zum normalen Arbeitsablauf, aber meine Mutter hatte da ganz andere Vorstellungen von fleißigen Handwerkern.

Eines Tage bemerkte ich, wie sich eine ungewohnte Hektik in der Kolonne verbreitete. Der Bauplan wurde eifrig studiert, das Leergut war beseitigt, und auf den Gerüsten tat sich etwas. Was war der Grund? Erwartete man die Rückkehr meines Vaters, der schon mit Lohnabzug gedroht hatte, wenn sich die Arbeitsmoral nicht besserte? Nein, seinetwegen spuckten sie nicht in die Hände, vielmehr schienen sie eine bedeutende Persönlichkeit zu erwarten, und bald fiel auch ihr Name: „Nau loßt endlesch de Finger joan! Noamettesch kitt de Bischoff!" Als frischgebackenem Meßdiener fuhr mir bei dem Wort ein richtiger Schreck durch die Glieder. Donnerwetter! Der Herr Bischof aus Trier,

Fleißige Bauarbeiter

Foto: Alfred Schäfer, Schalkenmahren

der sonst nur zur Firmung kommt, besucht uns! Spornstreichs rannte ich zu meiner Mutter, die ungläubig nach draußen trat und der die ungewohnte Betriebsamkeit sofort auffiel. „Waat oß daan wäile loß mott äich?“ „Joah uß de Feeß“, drängelte einer, „hoß de nett jehurt, dä Bischoff kitt jeläich!“ Jetzt geriet meine Mutter in leichte Panik, wollte sich schnell noch die Sonntagskleider anziehen, als ein großer schlanker Mann mit dynamischen Schritten die Baustelle betrat. Die Bauarbeiter grüßten ehrerbietig im Chor: „Guten Tag!“ „Majuh, daat oß bestimmt dä Här Bischoff“, dachte meine Mutter, „dä hott sesch nur anna Kleeder ojjedoon, wäil en opp dä Bau moaß“. Und tief gerührt davon, daß der hohe Herr persönlich den Weg von Trier zu unserer Baustelle gefunden hatte, verbeugte sie sich artig und grüßte: „Guten Tag, Herr Bischof. Es freut mich, daß Sie auch uns kleinen Leute in schweren Zeiten besuchen.“ Das Gesicht des vermeintlichen Bischofs lief puterrot an, denn ‚Bischoff‘ war nichts anderes als sein Spitzname, den seine Maurer ihm wegen seines herrischen Auftretens anghängt hatten und den er absolut nicht leiden mochte. Barsch klärte er meine Mutter auf: „Aisch säin net dä Bischoff, mäin leew Tant, äisch säin dä Theobald von Stemeresch, unn äisch säin dä Maan, dä häi mott säine Läit äier Haus baut!“

Feindschaft

Mein Heimatort ist Schalkenmehren. Nur zwei Kilometer entfernt liegt der Nachbarort Mehren, von uns verächtlich als „dat Kaff“ bezeichnet. Mit den Mehrenern verband uns eine herzliche Feindschaft, denn sie rieben uns bei jeder Gelegenheit unter die Nase, wir Schalkenmehrener seien bloß die Knechte von Mehren, weil Schalk nun mal soviel wie Knecht bedeute. Wir empfanden das als eine himmelschreiende Ehrabschneidung. Wir? Die Knechte von Mehren? Eine freche Unverschämtheit, die wir nicht auf uns sitzen lassen würden. Nebenbei, ein Schalk gilt doch auch als ein gewitzter und schlauer Mensch. Man denke nur an Till Eulenspiegel. Jedenfalls konterten wir als erstes mit einem Spottvers:

„Märrener, Märrener Kautzekäpp
kunn de Berch eropp jeschleppt,
mott de lange Sohle,
de Däiwel soll se hole!“

Damit reduzierten wir die angeblichen Herren auf das Niveau von Kaulquappen, jenes schwarzschmierigen Gewimmels in unserem Maar, aus dem sich widerlich glitschige Frösche entwickelten.

Genau dieses Maar war unsere zweite Trumpfkarte. An warmen Sommertagen lockte es viele Badegäste von fern und nah an und eben auch die hochnäsigen Mehrener. Zwischen unseren Dörfern verlief die Eisenbahnlinie Daun – Wittlich. Der hohe Bahndamm bildete somit eine Grenze, und weil die Mehrener, wenn sie zum Schwimmen wollten, zwangsläufig die einzige Straßenunterführung passieren mußten, postierten wir dort unser Empfangskommitee. Das setzte vor das kühlende Naß erst 'mal eine heiße Abreibung, und so mancher unserer Feinde mußte angeschlagen und vor Wut heulend und mit platten Fahrradreifen den Rückzug antreten.

Nun hat bekanntlich alles zwei Seiten. Auch wir mußten des öfteren nach Mehren, ins Feindesland. Einmal hatten die Schulen beider Orte ein Gemeinschaftssportfest verabredet, das mit einem Fußballspiel als sportlichem Höhepunkt abschließen sollte. Wahrhaftig, ein Höhepunkt ! Das berühmte Fußballspiel aus dem Roman 'Don Camillo und Peppone' war dagegen ein reines Freundschaftsspiel. Beide Mannschaften kämpften wie die Löwen und attackierten den Gegner – mit und ohne Ball – mit grimmigem Siegeswillen. Was sich auf dem Spielfeld weiter unten im Bereich der Füße, Knöchel und Schienbeine abspielte, fand am Spielfeldrand weiter oben seine handfeste Fortsetzung, sprich blutige Nasen und geschwollene Augenpartien. Die Autorität der Schulmeister hier zeigte ebensowenig Wirkung wie das ununterbrochene Trillern der Schiedsrichterpfeife dort. – Leider waren wir diesmal, trotz aufopferungsvollsten Einsatzes, die Verlierer.

Eine andere Gelegenheit, das gegnerische Territorium betreten zu müssen, wiederholte sich zu unserem größten Unbehagen

Die legendäre Schulmannschaft mit Lehrer Heinz Wirkner, genannt Henrich.
Foto: Verfasser

regelmäßig. Damals hatten wir im Dorf noch keinen Friseur, so daß die Eltern uns zum Haareschneiden nach Mehren schickten. Das konnte ein sehr dornenvoller Weg werden, wenn wir dabei dem wachsamen Feind in die Hände fielen. Irgendwann aber wurde einer Familie der finanzielle Aufwand für den Mehrener Figaro zuviel und befand, daß unser Dorfschneider Franz genauso gut geeignet wäre. Er hatte eine Schere, er war Schneider, also konnte er auch Haare schneiden.

Schneider-Franz setzte bereitwillig sein handwerkliches Geschick ein, stülpte eine passende Schüssel über den ihm anvertrauten Kopf und entfernte mit geübter Schneiderhand alles, was an Haaren unter dem Schüsselrand hervorwucherte.

Wir alle mußten ab jetzt zum Franz und trugen „Schüsselschnitt“. Oft wurde ich wegen meiner modischen Frisur verspottet, was mir überaus peinlich war. Aber die Sache hatte auch ein Gutes: Dank Schneider-Franz brauchten wir nicht mehr nach Mehren. Wir konnten also neue Bedingungen stellen.

Gorri, sein bürgerlicher Name war Gerhard, betrachtete den Bahndamm mit der Eisenbahnbrücke als sein ganz persönliches Revier, weswegen dort auch ab und zu der Böschungsbewuchs in Flammen stand. Er hatte eine großartige Idee: Warum sollte man an der Brücke immer nur Prügel austeilen? Man könnte im Sommer doch auch eine Zollstation einrichten und etwas ein-

Schalkenmehrener Grenzhüter nach erfolgreicher Abwehr der Mehrener Eindringlinge.

Foto: Verfasser

nehmen, denn schließlich sei das Maar ja unser Maar. Der praktisch denkende Gorri verband sozusagen das Angenehme mit dem Nützlichen.

Gesagt, getan. Fortan mußten die Mehrener die Taschen links machen, wenn sie zum Baden wollten, und wer zahlungsunfähig war, durfte umkehren. Die eingezogenen Naturalien wurden aufgeteilt, und mit den gelegentlichen Bareinnahmen förderten wir das Wirtschaftswachstum unserer Dorfes, indem wir sie in Brause und Süßigkeiten umsetzten, mit denen wir uns auf der Liegewiese am Maar vom anstrengenden Grenz- und Zolldienst erholten.

Wenn es qualmt

Im Stall von Hollys Vater standen drei Kühe: die Bless, die Fuss und die Hanna, die im Sommer regelmäßig auf die Weide geführt und gehütet werden mußten. Das war eine Aufgabe, die man gerne den Kindern anvertraute, also auch Holly. Als treuer Freund ließ ich ihn natürlich nicht im Stich, und so zogen wir mit den Rindviechern los und verbrachten so manchen Sonntagnachmittag weit draußen vor dem Dorf in der menschenleeren Flur. Das war eine todlangweilige Angelegenheit, besonders für mich, der ich mit Landwirtschaft von Hause aus rein gar nichts zu tun hatte. Einmal muckte ich unmutig auf: „Schaaft äisch ferr die Orbet doch endlesch en Köter oann!“

Um sich meine Gesellschaft zu erhalten, nahm Holly verlockende Schinkenschmerre mit. Diese Butterbrote waren in Zeitungspapier verpackt, aus dem wir wiederum Schiffchen falteten, die im Wiesenbach vom Stapel gelassen wurden. Leider führte der Bach nur wenig Wasser, so daß unsere Flottille ständig irgendwo hängen blieb, vorzeitig aufweichte und sank. Das Spiel wurde schnell langweilig. Etwas anderes mußte her.

Holly zog aus der Hosentasche eine kleine weiße Tonpfeife, übriggeblieben vom letzten Nikolausweck. Ich zeigte wenig Begeisterung, denn sofort kamen mir die schrecklichen Hustenanfälle in den Sinn, die meinen Vater regelmäßig heimsuchten, wenn er Pfeife rauchte. Aber vielleicht lag das ja nur an der Pfeife.

In den Hecken rundum lag überall noch altes Laub aus dem Vorjahr. Also griff ich mir eine der Zeitungsseiten, sammelte eine Handvoll Laub, zerrieb es in meinen Händen und drehte mir, ganz wie ich es bei den Erwachsenen beobachtet hatte, mit viel Spucke eine Zigarette. Heraus kam eher eine dicke Zigarre.

Erste Rauchversuche

Foto: Stefan Billigen, Kerpen / aus Franz Josef Ferber: Vulkaneifelheimat – Bilder aus dem Kreis Daun 1900 – 1950, S. 169; Aachen 1996

Streichhölzer gehörten selbstverständlich zu unserer Grundausrüstung, und so konnte es losgehen.

Die ersten Züge fielen mir ganz leicht, und ich glaubte sogar, sie richtig zu genießen. Das änderte sich jedoch ziemlich plötzlich. Als erstes bekam ich einen fürchterlichen Hustenanfall, gegen den sich der Raucherhusten meines Vaters wie ein Räuspern ausnahm. Dann wurde mir speiübel, die Schinkenbrote meldeten sich zurück, und am anderen, von der Hose bedeckten Ende braute sich ein gewaltiges Unwetter zusammen.

Holly wurde meine von der Pein entstellte Stimme im qualmenden Buschwerk unheimlich, und voller Angst schrie er: „Hilfe! Fäierwehr! Kutt flott, et brennt, et brennt!! Meine Kolleesch hoat en Roochverjefdung, et jeet imm Lewwe un Duut!“ Wer sollte ihn in dieser einsamen Flur hören? Welche Feuerwehr würde ausrücken, mein Leben zu retten?

Doch einer hatte den Notruf vernommen und eilte zur Hilfe. Von uns unbemerkt, inspizierte ein Bauer zufällig sein Feld in der Nähe. Der eilte erschrocken herbei, fand den verstörten Holly, und beide fanden mich in meinem Unglück im Busch. Aber anstatt mir zu helfen, schimpfte der Mann verärgert: „Waat säid ihr Fläjell. Dämm meest et noch vill schlechter säin, dä Dummkopp hott Heckeburger jeroocht!“ Dabei zog er mich am Ohr so heftig hoch, daß mir vor Schmerz fast die Übelkeit verging: „Dat soan esch däinem Vatter, däiner Motter, dämm Schullmeester unn dämm Pastur, unn dään kaan dir daan ees die rischtisch Jeschicht von dämm brennende Dornbusch erzelle!“

Schlachtfest

Immer wieder das leidige Taschengeld! Es reichte einfach nie aus. Am Sonntag gab es einen Groschen. Meine Freunde standen sich auch nicht besser. Wir drehten das wertvolle Stück in der Hosentasche hin und her und schmiedeten Konsumpläne. Am liebsten brachten wir unser Taschengeld in eine Pension, die, fortschrittlich, schon im Besitz eines Fernsehgerätes war und die unseren Groschen als Eintrittsgeld für einen Fernsehnachmittag nahm. Hier verfolgten wir mit heißen Köpfen alles, was der Sender schwarzweiß über die Mattscheibe schickte, ob Fury, Modenschau, Augsburger Puppenkiste oder Fußball. Dann war wieder eine Woche Fernsehabstinenz angesagt, denn wer im Dorf konnte sich schon einen Fernseher leisten? Was Wunder, daß wir ständig nach Möglichkeiten Ausschau hielten, unser Einkommen aufzubessern.

In der Ortsmitte unterhalb der Kirche führte die Dorfstraße über eine Brücke über den damals noch nicht kanalisierten Maarbach, die Bärchbreck. Hier stand eines der Gasthäuser, dessen Wirt ein ebenso gewichtiger wie wichtiger Mann war, nämlich der Bürgermeister, und sein Wort besaß ebenfalls Gewicht. Wir nannten ihn respektlos den Weißen Riesen.

Vor sein Haus hatte er sich einen beachtlichen Briketthaufen für den Winter abkippen lassen und wir, immer auf der Suche nach Verdienstmöglichkeiten, erboten uns, den ganzen Berg abzutragen und in seinen Schuppen zu schaffen. Der Wirt war einverstanden, und so schleppten wir in Weidenkörben stundenlang Briketts und nahmen bald auch deren Farbe an. Als es endlich geschafft war, betraten wir erwartungsvoll die Gaststube. Was würde unser Lohn sein?

Der Weiße Riese spendierte jedem von uns eine Limonade und überreichte dazu gönnerhaft zwanzig (!) Pfennige. Wir waren sprachlos. Dann glühte die Zornesröte durch unsere kohlenstaubschwarzen Gesichter hindurch, aber es war nichts zu machen. Wir Esel hatten ja nichts vorher vereinbart! Wir waren selbst schuld. Also schluckten wir Wut und Enttäuschung herunter und erzählten nirgends etwas von unserem Reinfall. Spott und Schadenfreude der anderen wollten wir uns ersparen, nicht aber, es dem Weißen Riesen heimzuzahlen.

Nicht lange nach unserem schwarzen Tag beobachteten wir, daß hinter seinem Haus Vorbereitungen zum Schlachten getroffen wurden. Die Schweinsmol mit dem heißen Wasser stand schon parat, und da zog auch schon der Metzger am Strick die widerborstige Wutz aus dem Stall. Wir traten vor und fragten, ob wir uns irgenwie nützlich machen könnten, aber man jagte uns vom Hof, denn das Töten des Tieres geschah ziemlich brutal und war nichts für uns Pänz.

Bald darauf erschienen wir wieder auf der Bildfläche, und diesmal waren wir dem Weißen Riesen willkommen. Wohl in Erinnerung unserer preiswerten Arbeitsleistung erlaubte er uns, den riesigen Wurstkessel anzuheizen, in dem das Fleisch gekocht werden sollte. Zum zweiten Mal schleppten wir die Briketts, und Rachegedanken stiegen in uns auf.

Draußen hatte man alle Hände voll zu tun, niemand kümmerte sich um uns. Wir brachten das Wasser zum Kochen und sahen uns ein bißchen um. Nebenan in der Waschküche entdeckten wir eine Waschmitteltonne für Großverbraucher. Deren Inhalt schütteten wir in den dampfenden Kessel, wo er sich in eine überquellende wallende Schaumkrone verwandelte. Jetzt nichts wie weg! Denn schon hatte unser Arbeitgeber erfaßt, was vorging, hatte sich den nächstbesten Knüppel geschnappt und woll-

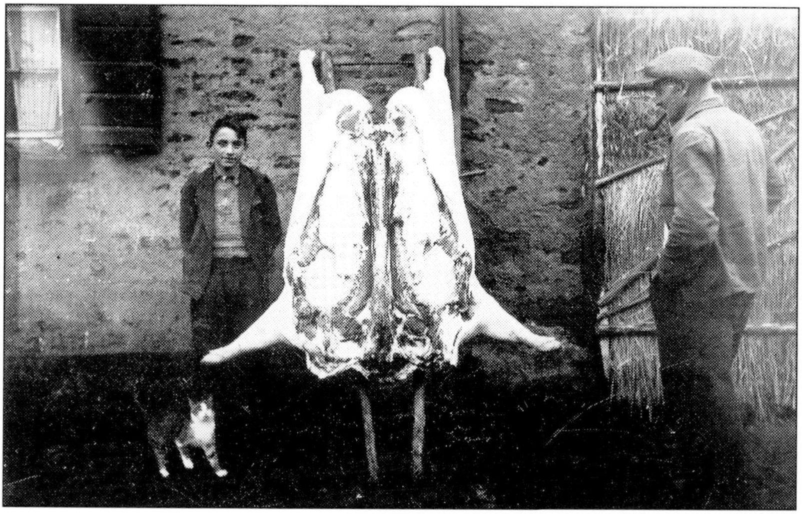

Hausschlachtung

Foto: Ortsgemeinde Strotzbüsch

te uns an den Kragen. Vor Wut schäumte er schlimmer noch als sein Kessel. Natürlich kriegte er uns nicht, das verhinderte allein schon sein Übergewicht.

Das Spektakel war auch der Nachbarschaft nicht entgangen, und auf deren Frage: „Waat oß daan paseert?“, gaben wir Bescheid: „Joat doch sellwer flott kucke, dä Weiße Riese mächt richtich Weißwieschtja“.

Der Sonderling

Was manche unserer Dorfbewohner so trieben, verstanden wir zwar nicht immer, aber für einen Jux reichte es meistens. Wenn etwa der Oldmätti filterlose Zigarettenkippen von der Straße in die Taschen seiner geflickten Jacke sammelte oder Kohstals Klos Friedas Pferdeäpfel einsammelte und sie wie einen kostbaren Schatz in seinem Garten vergrub.

Mit einem aber konnten wir gar nichts anfangen. Er sprach scheint's mit niemandem, sonderte sich ab und ging nie zum Frühschoppen, um mit den Bauern über Ochsenpreise oder Heuwetter zu debattieren. Äußerlich fiel er auf durch sein schlohweißes Haar, das wirr von seinem Kopf abstand, und durch seine Knickerbocker, hergestellt aus einem Stoff aus unserer Heimweberei. Für uns war er ein Sonderling, der Dorfkauz. Oftmals sahen wir ihn mit einem Leiterwägelchen durchs Dorf ziehen zu einer Obstwiese oder hinaus in die Flur oder den Wald. Beladen war das Wägelchen mit fremdartigem Zeug wie einer hölzernen Tafel mit drei Beinen, einer abgewetzten Ledertasche und einem geheimnisvollen Kasten. Was mochte es mit all dem auf sich haben? Das wollten wir schon herausbekommen.

Eines Tages folgten wir heimlich unserem Mann, als er wieder einmal mit seinem Wägelchen das Dorf verließ. Auf einem Acker weiter draußen machte er halt; wir duckten uns in einen Graben und tarnten uns mit Grünzeug. Dann packte er aus. Die hölzerne Tafel stellte er auf ein dreibeiniges wackeliges Gestell, aus dem geheimnisvollen Kasten kamen bunte zerdrückte Tuben zum Vorschein, und aus der uralten Ledertasche griff er sich ein Bündel Pinsel. Mit der linken Hand die Sonne abschirmend, prüften seine Blicke die Landschaft ringsum. Dann begann er, mit seinen Pinseln alle möglichen Farben auf seiner Tafel zu verteilen. Dabei stand er wie angewurzelt auf der Stelle und schaute immer nur zu dem Hügel vor dem Waldrand hinauf. Wirklich ein sonderbarer Kauz.

Allmählich begann uns das Ganze zu langweilen. Waldi wurde ungeduldig und schlug vor: „Mir helfen dämm jätt, daat find joa keen Änn“. Er formte aus dem feuchten Grabenboden einen handlichen Knatchball, und wir taten es ihm nach. Dann holte er aus und schleuderte die Kugel zielsicher gegen die zugekleckste Tafel. Die übrigen Wurfgeschosse folgten fast ebenso treffsicher.

Unsere Hilfe erschreckte den alten Mann beinahe zu Tode. Dann aber warf er die Pinsel wütend hin, schimpfte fürchterlich in unsere Richtung, verfluchte uns die Knochen und wünschte uns in die tiefste Hölle. – Was wir nicht wußten und erst viel später erfahren haben: Unser kauziger Sonderling war kein Geringerer als der bedeutende und weit über unsere Heimat hinaus bekanntgewordene Eifelmaler Pitt Kreuzberg.

Der Eifelmaler Pitt Kreuzberg (1888 – 1966)
Foto: Thora Lorenz, Stolberg

Theater

Natürlich kam der unschöne Vorgang mit dem Maler Pitt Kreuzberg unserem Lehrer zu Ohren. Gerade Henrich, so nannten wir den Lehrer nach seinem Vornamen Heinz, verstand sich als Sachwalter alles Musischen. Aber am Morgen nach dem Knatschballüberfall war seine Laune besonders schlecht, und entsprechend war das Donnerwetter, das sich über uns entlud.

Wenn Henrich schlecht gelaunt war, wußte jeder warum. Am Abend zuvor hatte er beim heißgeliebten Skat mal wieder schlechte Karten gehabt und kein noch so guter Tropfen hatte

Die Hauptakteure dieses Buches bei der Einschulung 1956: Holly (li.), der Decke (vo.) und Bernd (hi.). Foto: Verfasser

ihm auf die Siegerstraße verholfen. Zeigten morgens auf seinem unausgeschlafenen Kopf die Haare störrisch in alle Richtungen, hieß es sich in acht zu nehmen.

Heute wollte er mit den Schulkindern das alljährliche Theaterspiel vorbereiten, das vor den Eltern, Geschwistern und allen Dorfbewohnern aufgeführt werden sollte. „Wem fehlt noch Kleidung für seine Theaterrolle?“, fragte Henrich in den Raum. Holly, nicht gerade der aufmerksamste Schüler und außerdem seit einigen Wochen etwas schwerhörig, ignorierte die Frage und befaßte sich statt dessen ausgiebig mit einem Kaugummi, den er nach Gebrauch für die Putzfrau unter die Bank zu kleben pflegte. Henrich bemerkte das verbotswidrige Kauen und fuhr Holly an: „Mein Gott, was frißt du denn da?“ Holly, der einen Anstreichermeister spielen sollte, war erst bei der vorherigen Frage angelangt und erwiderte aufgeschreckt: „Eine weiße Hose, Herr Lehrer!“ Schallendes Gelächter.

Holly war sich keines Fehlers bewußt und beschwerte sich gereizt: „Dunnerkäil, wie soll mah daa häi jätt verstoan bäi der Knalleräi? Dä ale Kanuneowwen dunnert su hort, daat mah kee Wuart versteet. Dä Fritz moos ees endlesch e poar opp de Finger kreen, dä schmäist lauter Kastannije vom Kirchebärch doarunn, unn äisch jänn bestroaft, wäil äisch näist hiere, wenn die dämlesch Kastannije un demm blöde Owwe su kraache.“

Lehrer Henrich ließ diese Rechtfertigung nicht gelten und befahl Holly zur Strafe für sein Verhalten in die erste Bank zu den i-Dötzchen. So wurden wir beide fürs erste voneinander getrennt, nichts Weltbewegendes, gewiß, aber doch ein schmerzlicher Vorgang.

Dorfschule von einst im Immerather Schulmuseum.
Foto: Verfasser

Schülertheater

Foto: Verfasser

Minka

Wenn im Herbst die Erntezeit zu Ende ging, die Tage kürzer und die Nächte merklich kälter wurden und sich die Natur allmählich auf den Winter einzustellen begann, ließ sich mit den letzten Ackerfrüchten auch so mancher Feldbewohner in die Scheunen und warmen Ställe transportieren. Da blieben sie meist jedoch nicht, sondern suchten durch Risse im alten Mauerwerk und schlecht schließende Türen in den gewärmten Wohnbereich vorzudringen. Hatten sie es hier bis in die Speisekammer geschafft, war das sorglose Überwintern gesichert.

Ich spreche von den Feldmäusen, die sich zu einer regelrechten Plage entwickeln konnten, wenn man nichts dagegen unter-

Minka

Foto: Verfasser

nahm. Mausefallen halfen da nur teilweise. Wirkungsvoller war eine Hauskatze, weswegen sich fast jede Familie eine oder mehrere davon hielt.

Auch wir hatten ein solch nützliches Tier. Es hörte auf den Namen Minka, besaß ein herrliches braun-weiß-grau gestreiftes Fell und war bei uns aufgewachsen. Minka gehörte zur Familie und wurde entsprechend verwöhnt. Saßen wir am Tisch, saß sie dabei und bekam etwas ab. Kam ich vom Angeln am Maar zurück, gab es kleine Fische – kurz, unserer Minka ging es sehr, sehr gut. Am liebsten rollte sie sich am Herd zusammen, schnurrte zufrieden oder schlief ein. Eigentlich hätten wir ja einen richtigen Haustiger gebraucht mit ausgeprägtem Jagdinstinkt, aber davon war Minka weit entfernt. Ich fragte mich manchmal, ob sie eine Maus überhaupt kannte. Selbst bei Hansi, unserem Wellensittich, machte sie niemals auch nur den Versuch, mit der Pfote durchs Gitter zu schlagen oder gar auf den Käfig zu springen. Minka war mir richtig ans Herz gewachsen, und gab es ´mal ein Donnerwetter vom Vater, war nur sie es, die mich mit ihrem zutraulichen Schnurren zu trösten vermochte.

Doch dann kam ein schrecklicher Tag. Minka lief unvorsichtig über die Straße, und ein Motorradfahrer aus unserem Dorf überfuhr rücksichtslos das arme Geschöpf. Minka war sofort tot. Wenigstens hatte sie nicht leiden müssen. Nie hätte ich an so etwas Schreckliches gedacht. Weinend und fassungslos stand ich vor dem leblosen Tier, und meine ältere Schwester, die genauso wie ich an Minka gehangen hatte, teilte meine unsagbare Trauer. Unter Tränen trugen wir die tote Katze in unseren Garten und legten sie in einen Karton. Beim Auflegen des Deckels verwandelte sich mein Leid in eine ungeheure Wut auf den Motorradfahrer. Ich mußte sofort Holly von dem Vorfall berichten.

„Daat moaß dä Kärl büßen", gab er mir wütend recht und hatte schon einen dicken Knüppel in der Hand. „Dä Kneppel schmäiße mier dämm un de Speeche. Dä soll sesch joot iwwerschloan, daat en unt Krankenhaus kitt. Wie kaan dä Lump mott dämm aale Modorrad däin joot Kaatz iwwerfoarre?"

Stundenlang lauerten wir auf den Motorradfahrer, um ihm den Knüppel in die Speichen zu stoßen, aber der ließ sich nicht mehr blicken. Irgenwann würde er mit seiner stinkenden Knatterkarre ja nochmal auftauchen, und dann käme die Stunde unserer Rache ...

Vorest war Wichtigeres zu überlegen. Wohin mit der toten Minka? Natürlich mußte sie anständig beerdigt werden mit allem, was dazugehörte. Holly nagelte zwei Kreuze zusammen, ein

Schnelle Maschinen – Vor ihnen war kein Haustier sicher.

Foto: Verfasser

großes und ein kleines, und übernahm als Küster mit dem großen Vortragekreuz die Spitze des Leichenzuges. Ein geschulterter Spaten zeigte an, daß er auch das Amt des Totengräbers auszuüben gedachte. Ich folgte in der weißen Kittelschürze meiner Mutter als Pastor, in der einen Hand eine Blechdose mit qualmendem Pfeifentabak aus Vaters Vorrat als Weihrauchfaß, in der anderen ein Eimerchen mit Klobürste als Weihwasserkessel und unter dem Arm die Verstorbene in ihrem Pappsarg. So schritten wir mit traurig gesenkten Köpfen zur Begräbnisstätte am Aulerbach, dem Maarablauf.

Als der Sarg in die Tiefe gelassen wurde, liefen noch einmal die Tränen über mein Gesicht. Holly schaufelte das Grab zu, steckte das kleine Kreuz in den Hügel und meinte: „Wäile mooß dau och preddijen." Ich versuchte mit trockenem Hals eine Abschiedsrede, reicherte sie mit noch nie verstandenen lateinischen Brocken aus der Meßdienerpraxis an und schloß mit bewegt zitternder Stimme: „Nunc es pibenda – Ruhe in Frieden!"

Ich hielt das für korrektes Latein, aber Holly wußte es anscheinend besser, denn er fuhr mich an: „Wie kaan mah un suem Moment nur suh jett soan? Dau boß en richtije Ocks. Weeß dau nett, waat daat heest? – Nun laßt uns einen trinken!"

Der fromme Wellem

In der Volksschule herrschte noch eine strenge Ordnung. Vor dem Unterricht stellten wir uns vor dem Eingang auf und betraten in Zweierreihen den Klassenraum. Dort warteten wir neben den Bänken, und wenn Ruhe eingekehrt war, begrüßte uns Henrich, unser Lehrer, mit einem vernehmlichen „Guten

Morgen!“ „Guten Morgen, Herr Lehrer!“ schallte es im Chor zurück. Dann folgte das allmorgendliche Schulgebet. Henrichs Gesichtsausdruck wurde andächtig, er faltete die Hände, und wir taten es ihm nach. Infolge einer Kriegsverletzung waren zwei seiner Finger steif geblieben, so daß sie beim Händefalten auffällig abstanden. Zum Gehorsam streng erzogen, versuchten wir unsere Hände ebenso zu halten. Darüber sah Henrich großzügig hinweg, nicht aber, wenn wir auch seine Andachtsmiene nachzuahmen versuchten oder in die Gegend gafften oder gar zum Nachbarn hinüber grinsten. Ein Gebetbuch war nicht nötig, denn wir kannten alle Gebete auswendig, was man von den Gedichten beispielsweise, die wir immer aufsagen mußten, nicht so behaupten konnte.

Zweimal in der Woche fand in der Kirche gleich nebenan der Schulgottesdienst statt. Teilnahme war Pflicht, und wer fehlte, mußte eine plausible Entschuldigung vorweisen. Anschließend kam der Herr Pastor in die Schule und erteilte Religionsunterricht. Meistens paukte er den Katechismus ein; auch bereitete er die entsprechenden Jahrgänge auf die Erstkommunion oder die Firmung vor. Für letztere hatte man neben vielem anderem das Leben seines Schutzheiligen in- und auswendig zu kennen.

Maria, breit’ den Mantel aus
Foto: Verfasser

Am Mittag endete der Unterricht, wie er am Morgen begonnen hatte, mit einem Gebet. An einem Tag im Marienmonat Mai aber machte es Henrich einmal anders. Das Marienlied ‚Maria breit` den Mantel aus‘ sollte den Schultag beenden. Er gab den Ton an, und wir versuchten ihn mehr oder weniger richtig aufzunehmen. Da das Lied jedoch mit allen Strophen länger dauerte als unser gewohntes Gebet und wir schleunigst nach Hause wollten, sangen wir immer schneller, aber Henrich brachte uns mit seiner beherrschenden Stimme wieder ins vorgeschriebene Tempo.

Plötzlich bemerkten wir, daß seine andächtigen Gesichtszüge sich in ein breites Grinsen verwandelten. Die Ursache hierfür stand gleich vor ihm in der ersten Bank, Wellem. Weil es im Mai in der Eifel noch ziemlich kalt sein konnte, hatte ihm seine Mutter einen warmen Mantel mitgegeben, den er zu Beginn des Liedes noch schnell übergezogen hatte. Wellem nahm den Liedtext wohl allzu wörtlich, denn er breitete mit beiden Armen seinen Mantel weit aus. Henrich löste seine gefalteten Hände, lächelte immer noch und versetzte dem frommen Wellem eine Backpfeife. Auf dem Nachhauseweg wollten wir ihn trösten, aber er winkte ab: „Waat soll ma doa soon, äisch hatt et joat jeminnt. Äisch säin ewen net die heilige Maria, äisch säin bluuß dä kleene Heine Wellem.“

Rache

Für das religiöse Leben unseres Dorfes bestanden feste Regeln. Dazu gehörten unter anderen nach der Erstkommunion die Pilgerfahrt nach Klausen sowie die Möglichkeit, Meßdiener werden zu können. Letzteres galt natürlich nur für die Jungen. Mädchen waren für dieses wichtige liturgische Amt noch nicht zugelassen. „De Hären säin härrlich, de Damen säin dämlich", hänselten wir sie gerne, aber nicht zu oft, denn bei Hausaufgaben oder Klassenarbeiten waren wir Jungen dringend auf ihre Hilfe angewiesen.

Viele Vorteile brachte die Meßdienerei nicht, im Gegenteil. Man mußte sehr früh aufstehen, unverständliche lateinische Texte herunterrasseln können und unbedingte Disziplin beim Altardienst üben. Mit den Kameraden feixen, am Rochett fummeln, nach hinten gaffen, miteinader flüstern – alles Todsünden! Und wenn der hochwürdigste Herr Bischof da war, schwitzte man vor Angst Blut.

Wo bliebe der Herr Pastor ohne seine frommen Meßdiener?

Foto: Verfasser

Es gab auch vorteilhaftere Einsätze. Kindtaufen, Hochzeiten und Beerdigungen waren sehr beliebt, weil wir Meßdiener zum anschließenden Kaffeetrinken mit eingeladen wurden. Dann stopften wir uns bis obenhin voll mit Buttercremetorte, Schnittchen und Limonade. Manchmal gab es sogar eine oder zwei Mark.

Wieder einmal stand eine Trauung an. Vor dem Brautamt kontrollierte der gestrenge Herr Pastor unsere Fingernägel und wurde prompt fündig: schwarze Ränder! Er sagte nichts, aber nach der Messe warf er unseren Lohn von vier Mark einfach ins Opferkörbchen der Gemeinde. Wir machten lange Gesichter. Am nächsten Sonntag war Kirmes, und das Geld wäre hochwillkommen gewesen.

Die Kirmes begann traditionsgemäß mit dem feierlichen Hochamt, mit Chorgesang, großem Segen und viel, viel Weihrauch. Jetzt waren wir am Zuge. Ein deftiger Stinkkäse wurde so klein geschnippelt und geraspelt, bis er den Weihrauchkörnern glich, unbemerkt in die Sakristei geschmuggelt und hier den echten Körnern beigemischt.

Während des Gottesdienstes verbreitete sich ein starker ungewohnter Duft in der Kirche, der besonders in den vorderen Bänken für Unruhe sorgte. Der Herr Pastor rümpfte zwar die Nase, setzte aber die heiligen Handlungen mit gebührendem Weihraucheinsatz bis zum feierlichen Segen fort.

In der Sakristei ließ er anschließend seinen Ärger heraus. Aber nicht wir, sondern der Küster bekam die Strafpredigt ab, die mit der Drohung endete: „Wenn die Pfarrgemeinde kein Geld mehr hat, um frischen Weihrauch zu kaufen, dann müssen wir eben eine Extrakollekte halten!“ Worauf einer von uns Meßdienern bissig einwarf: „Wie däier oß daan su en Duus mott Kerner? Die veer Hochzetsmark von oß hott dä Pastur secher fer de näie Wäihrooch un dä Klingelbäidel jeschmoß!“

Petrijünger

Einem alten Vertrag zwischen der Gemeinde und der Pfarrei zufolge besaßen die Pastöre von Schalkenmehren das Recht, auf dem Maar kostenfrei ein Boot zu halten und angeln zu dürfen. Davon machten sie allerdings so gut wie gar keinen Gebrauch, obwohl das den Gefolgsleuten des Fischers Petrus sehr wohl angestanden hätte.

Ansonsten war das Angeln nicht freigegeben, sondern streng geregelt. Ein Angelverein war eigens gegründet worden, der sich den Erhalt der Fischbestände und das ordnungsgemäße Fischen zur Aufgabe machte. In unseren Augen waren die Ver-

Petri Heil!

Foto: Verfasser

einsgründer zwar ehrenwerte ältere Herren, die sich in ihrer Vereinssatzung gut auskennen mochten, aber vom Angeln hatten sie keine Ahnung. Wenn man nur schon sah, wie sie sich mit ihren Hungerpeitschen abmühten und doch nichts fingen. Kein Wunder, sie benutzten keine lebenden Köder. Die gab es damals noch nicht zu kaufen. Könnte man mit ihnen vielleicht ins Geschäft kommen?

Wir erboten uns, frische Tauwürmer für Aal oder Barsch zu besorgen, das Stück für zehn Pfennige. Der Preis schien uns verwegen hoch, aber die Petrijünger bissen an. Wir erhielten reichlich Aufträge, verdoppelten unseren Gewinn, indem wir die armen Würmer heimlich halbierten, und entsorgten nebenbei die Bierflaschen gegen Einbehaltung des Pfandgeldes.

Nachdem wir lange genug zugesehen hatten, wie die Heringsbändiger unsere Würmer badeten, beschlossen wir, die Dinge selbst in die Hand zu nehmen. Eine Bohnenstange, ein Korken als Schwimmer, achtlos in das Schilf weggeworfene Angelschnüre mit Haken, und fertig war unsere Angelrute. Natürlich hatten wir auch schnell die besten Fanggründe herausgefunden, so daß wir viel erfolgreicher waren als die Vereinsprofis. Nur erwischen durften sie uns nicht, und die Eltern durften auch nichts wissen. Darum flunkerten wir zu Hause, die Fische hätten uns fremde Angler geschenkt. Von den Vereinsanglern konnten sie ohnehin nicht sein, die fingen bekanntermaßen ja nichts.

Eines Abends, der Eimer war fast bis zum Rand schon mit Fischen gefüllt, flog unser Fischfrevel auf. Mit großen Stielaugen sahen Kassenwart und Schriftführer auf unsere Beute und drohten: „Mir rofen de Polizäi!“ – War es Neid? War es Gesetzestreue? Sie wußten genau, daß wir keinen Angelschein hatten, denn den hätten sie ja selbst unterschreiben müssen. Polente! Uns wurde mulmig.

Der erste, der die Fassung wiederfand, war Siggi. „Ose Här Pastur dorf häi omm Moar fier näist angele, unn mir säin säin Moßdener, alsu säin Onjestellte, unn daan jett och demm Pastur säin Sondererlaubnis opp os iwwerdroan. Ewwer trotzdämm joan mir beschte, unn daan darf dä Pastur näist verroade. Et jett nämlich e Beschtjeheemnes!“

Die berufenen Jünger Petri muß dieses mutig vorgetragene Argument einigermaßen verblüfft haben, denn sie beließen es bei einer strengen Verwarnung. Daß sie den Angestellten des Pastors in der Kirche noch nie hatten sehen können, fiel ihnen gar nicht auf. Siggi war evangelisch.

Petri Dank!
Foto: Verfasser

Verkannte Lebensretter

Die Winter früher verdienten noch ihren Namen. Der Schnee blieb monatelang liegen, und der Frost überzog unser Maar mit einer dicken Eisdecke. Wenn das Heulen und Krachen des Eises in der Nacht über das ganze Dorf zu hören war, sagten die Alten: „Wäile oß daat Moar suh deck zojefruhr, ma kinnt momm Perdswoon iwwer daat Äis forre.“ Dann war es soweit, daß wir von unseren Eltern die Erlaubnis erhielten, die Eisfläche zu betreten. War das immer ein Spaß! Wo wir im Sommer geschwommen waren oder geangelt hatten, konnte man jetzt zu Fuß hingehen. Man konnte rutschen oder Schlittschuh laufen, und war im Sommer das Fußballspielen unsere liebste Beschäftigung, so war es im Winter das Eishockey.

Eislauf auf dem Maar

Foto: Verfasser

Die nötigen Schläger schnitten wir uns aus den Haselnußhecken und umwickelten sie mit farbigem Isolierband. Es wurden auch Wettläufe veranstaltet. Der schnellste Läufer unter uns war Fischers Bertes. Er war so schnell, daß es ihm einmal sogar gelungen war, aus vollem Lauf ein Bleßhuhn einzufangen. Voller Stolz zeigte er uns seine kreischende und flatternde Jagdbeute, die vor lauter Angst alles von sich gab, was sich in ihr befand, und unseren Eisjäger von oben bis unten mit einer grünlichen übelriechenden Soße bekleckerte.

Schulmeister Henrich hatte drei Kinder. Sein Sohn Karl-Heinz, wir nannten ihn Bubi wegen seines etwas zierlichen Äußeren, hatte an unsere Gruppe Anscchluß gefunden, obwohl er einige Jahre jünger war als wir. Aber er war ein recht aufgeweckter Junge, und er teilte alle unsere Interessen. Keinen Winkel im Dorf, den er nicht ebenso gut gekannt hätte wie wir. Nur mit dem Eis auf dem Maar war er noch nicht so vertraut. Wir kannten natürlich die gefährlichen Stellen und mieden sie tunlichst. So war zum Beispiel am Maarauslauf die Eisdecke wegen des ausströmenden Wassers nie so dick wie auf dem übrigen Maar. Bubi aber, weil er keine Lust mehr hatte Eishockey zu spielen, begab sich genau an diese Stelle und hackte mit dem Absatz gelangweilt auf dem Eis herum. Es kam, wie es kommen mußte: Bubi brach ein und strampelte sich verzweifelt ab, um wieder aufs feste Eis zu kommen. Robbes und Kläs hatten Gott sei Dank das Unglück bemerkt. So schnell sie konnten, kamen sie heran. Robbes legte sich flach auf den Bauch und rutschte auf das Eisloch zu, während Kläs ihn bei den Füßen hielt und sicherte. Wir anderen hielten den Atem an. Robbes schaffte es gerade noch, Bubi am Haarschopf zu erwischen und den Leichtsinnigen mit aller Anstrengung aus dem eiskalten Wasser zu ziehen. Da stand er wieder auf dem Eis, triefnaß, hustend, spuckend und am ganzen Leib zitternd. Spornstreichs rannte er zur Schule und klingelte am Eingang zur Lehrerwohnung

Sturm. Henrich öffnete und sah entsetzt auf seinen bibbernden Sohn und forderte eine Erklärung. Bubi aber getraute sich nicht, seinem Vater die ganze Wahrheit zu gestehen, weswegen er ihm in allerbestem Dorfplatt eine etwas andere Darstellung des Geschehenen gab. „Vatter, äisch hoann mott dämm Robbes unn dämm Kläs onn där Aulerbach jespillt, unn duuh säin äisch ausjerutscht opp dämm Äis unn säin runnjeflorre. Soah da Motter, se soll direkt fresch Kleeder holle!“ Doch Henrich steckte den Verunglückten erst einmal ins warme Bett.

Am nächsten Morgen in der Schule befahl Henrich: „Robert und Klaus, kommt mal nach vorne!“ Die beiden bewegten sich in Erwartung herzlicher Dankesworte und öffentlicher Belobigung zum Pult und spekulierten insgeheim schon auf einen schulfreien Tag. Aber es kam ganz anders. Henrich sah unter zusammengezogenen Augenbrauen grimmig auf die beiden Lebensretter und fuhr sie an: „Wie könnt ihr beiden Esel nur mit meinem Karl-Heinz an den gefährlichen Maarauslauf, diesen schmutzigen und stinkenden Aulerbach, gehen?! Der arme Kerl ist von der steilen Böschung abgerutscht und ins eiskalte Wasser gefallen, liegt jetzt im Bett und hat fast eine Lungenentzündung! Wenn die Sache vollständig aufgeklärt ist, kriegt ihr eure verdiente Belohnung!“ Dabei deutete er auf den Klassenschrank. Das war unmißverständlich, denn Robbes und Kläs wußten, was Henrich darin aufzubewahren pflegte: den Stock!

Vogelfang

Vor dem Fenster meiner Schlafkammer stand ein großer Kirschbaum. Jeden Tag beobachtete ich, wie die Kirschen reifer wurden, und ich freute mich schon auf den Tag, da man mit dem Pflücken beginnen würde.

Ich war aber nicht der einzige, der an den dunkelroten Früchten Gefallen fand. Da waren auch noch ein paar Elstern, denen die Kirschen schon reif genug erschienen und die deshalb schon 'mal mit der Ernte anfingen. Das erboste mich dermaßen, daß ich beschloß, den frechen schwarz-weißen Dieben die Sache gründlich zu verderben. Leider hinderte mich mein eingegipstes Bein am unmittelbaren Vorgehen.

Heintje, Jokus und Robbes, alle drei begeisterte Angler wie ich, wurden zusammengetrommelt. Sie sollten mit ihrem Angelzeug kommen. Auf die Fensterbank in meiner Kammer hatte meine Mutter eine Schüssel voller herrlicher Kirschen „ferr dä oarme kranke Jung“ hingestellt. Robbes bestimmte: „Daat säin de Köder. Die jenn oann de Angelhoake jemaach, opp de Jortebod-dem jeschmoß, unn dah fänke ma daat Mestveeh. Die schworz-wäiß Biesta kinne jeläich jett erlewwe, wenn se de Kiesche mott de Angelhoake fräße“.

Irgendwie war ich an Max und Moritz erinnert, wie sie mit der Angel der Witwe Bolte das Hähnchen durch den Kamin stibitz-ten. Das würde ein Spaß werden! Wir spickten die Angelhaken mit den Kirschen und warfen sie durchs Fenster in den Garten aus. Spannende Minuten, dann war es soweit. Zwei Elstern hat-ten sich über unsere Köder hergemacht und hingen nun am Haken. Mit wildem Flügelschlagen und Gekrächze versuchten sie sich zu befreien, aber die Angelhaken saßen fest in den auf-gerissenen Schnäbeln. Wir schrien aufgeregt durcheinander, weil die Vögel die Angelschnüre total ineinander verwirrt hat-ten. Der Heidenlärm vermischte sich mit aufgebrachtem Hunde-gebell und ließ Frauen und Männer von der Arbeit weg zusam-menlaufen. „Ma meent, et wär net mielich! Waat hott dir e loa fier en Quatsch jemaach? Woarimm stellt dir net eenfach en Vorrelscheich opp? Seht zoo, wie dir reet jätt!“ schimpfte ein Nachbar.

Foto: Verfasser

Unten im Garten wollten meine Freunde die Gefangenen von ihren Fesseln lösen, aber die wehrten sich mit Schnäbeln und Klauen und zerkratzten ihnen gehörig die Hände. Sie wußten sich schließlich nicht anders zu helfen als die Tiere von den Angelschnüren loszuschneiden. Nun hatten sie ihre Freiheit wieder, aber in ihren Schnäbeln nahmen sie die Angelhaken mit. Uns war der Jagdeifer gründlich vergangen. Mitleid mit den armen Tieren hatte uns ergriffen, ja, Gewissensbisse plagten uns. Von Mutters Kirschen rührten wir keine mehr an.

Sankt Nikolaus

In der Vorweihnachtszeit blieben in unserem Haus so mancher Schrank und manche Tür verschlossen und die Schlüssel unauffindbar. „Dä Nikloas unn daat Christkindje hoann de Geschenka verstoach“, erklärten die Eltern. Das vergrößerte nur meine Neugier, aber es war nichts herauszukriegen. Beim Abendrot mahnte die Mutter: „Scheck däisch, de Ängeldja säin omm Plätzja baacke“, wobei sie ebenfalls Plätzchen ausstach und auf dem Backblech in den Ofen schob. – Wieso sie auch?

Der Nikolausabend kam endlich, und ich war voller Freude, daß der heilige Mann auch dieses Jahr in unser Haus kommen würde. Ich erinnerte mich an das letzte Jahr, wie er vor mir gestanden hatte in seinem weiten roten Bischofsmantel, mit weißem Bart, goldenem Bischofshut und Krummstab. Gleichzeitig beschlich mich auch ein unbehagliches Gefühl. „Wees dä nett immer jenau Bescheed, waat dau unn dä Holly umm Joahr ferr en krumm Dinger jedrät hoaß ... ?“ Und da war doch noch dieser schreckliche schwarze Kerl mit dem Sack und dem Rutenbündel, der immer so furchterregend mit den Augen rollte.

Nikloasoawend
Foto: Verfasser

Nun stand der sehnlichst Erwartete wieder vor mir. Gemeinsam sangen wir: ‚Lustig, lustig traleralera, heut ist Nikolausabend da‘, und Nikolaus sprach mit abgrundtiefer Stimme. – Kam mir diese Stimme nicht irgendwie bekannt vor? Und warum trug er im Winter eine Sonnenbrille?

Nachdem er mir meine Untaten aufgezählt und ich ihm ernsthaft Besserung gelobt hatte, schenkte er mir mit Vaters und Mutters Hilfe einen Teller mit buntem Gebäck und ein Buch. Viel gab es vom Nikolaus nicht, das hatte ich gelernt, denn da kam Heiligabend ja noch das Christkind, und das war reich.

Ich weiß nicht, warum ich an diesem Abend ein so besonderes Interesse am Nikolaus gefunden hatte. Jedenfalls folgte ich ihm auf den Flur und sah, wie die Eltern ihn mit einem Schnaps verabschiedeten. – Durfte ein heiliger Mann wie er so etwas annehmen? In jedem Haus?

Unbemerkt konnte ich mich auf den Hof schleichen, um nachzusehen, wo Sankt Nikolaus seinen Schlitten mit den Rentieren geparkt hatte. Schließlich durfte auch ein heiliger Mann nicht betrunken fahren, zumal er noch den beschwerlichen Himmelsaufstieg vor sich hatte. Aber da war gar kein Schlitten. Statt dessen stand dort ein etwas mitgenommener VW-Käfer, und am Steuer saß Hans Muff. Als der Nikolaus zu ihm einstieg, hörte ich ihn deutlich sagen: „Suh, jäww Jaas, wäile foarre mah bäi dä kleene Mattes!“ – Ich war sprachlos. Sankt Nikolaus konnte sogar unser Platt!

Als die beiden losfuhren, las ich das Nummernschild. Das war doch ... Aha!! Spornstreichs lief ich ins Haus und klärte meinen verdutzt dreinschauenden Vater auf: „Ätsch, et jett joa keene Nikloas. Daat woar dä Unkel Juppes von näwwenoann, unn dä Pälzebock woar dä Günni, unn dä oß mott säiner aale VW-Koar durch de Jäjend jefoar!“ Ich erwartete nun ein dickes Lob wegen meiner aufmerksamen Beobachtungen, aber der Vater drehte sich nur zur Mutter um, flüsterte ein paar Worte mit ihr und ließ mich einfach stehen.

Am darauffolgenden Nikolausabend stand ich wieder da in freudiger Erwartung, aber es geschah nichts. Nach einigem ungeduldigen Warten fragte ich zaghaft den Vater, wann der heilige Mann denn wohl kommen würde. Er antwortete mit unbewegter Miene: „Ätsch, et jett joa keene Nikloas!“

Klapperjungen

„Die Gloake flauren noa Rom. Se säin bäim Papst zor Bescht“, erzählten die alten Leute, wenn in der Karwoche ab Gründonnerstag das Geläute stumm blieb. Unser Küster brauchte für ein paar Tage nicht die Glockenseile zu ziehen, um die Gläubigen zur Kirche zu rufen. Das übernahmen jetzt wir Klapperjungen.

Mit selbstgebauten Klappern und Ratschen zogen wir hinter dem Klapperführer her durch sämtliche Winkel des Dorfes und kündigten unüberhörbar all die Zeiten an, die sonst von den Glocken eingeläutet wurden. „Bäätgloak!! Mettach!! Fäieroawend!! Zur Kirche!!“ – Letzters sogar hochdeutsch. Besonderen Spaß machte das frühmorgens, wenn unser Lärm so manchen Bürger aus den Federn trieb und das völlig erlaubt, denn schließlich kamen wir nur unserer christlichen Pflicht nach.

Der Klappereinsatz dauerte bis in die Osternacht. Auf die freuten wir uns am meisten, weil wir dann nämlich bis in die tiefe Nacht aufbleiben und durch das stockfinstere Dorf streifen durften, um aus schon heiseren Hälsen und mit Geklapper die Auferstehung des Herrn anzukündigen.

Klapperjungen mit Klapper und Ratsche
Foto: Verfasser

Nach den anstrengenden Kartagen stand den Klapperjungen, so verlangte es der Brauch, ein anständiger Lohn zu. Der bestand an Ostern natürlich aus Ostereiern, gekocht und bemalt, aber auch roh, dazu Süßigkeiten und, wenn's hochkam, auch mal ein paar Mark. Das Ganze wurde von Haus zu Haus eingesammelt, sorgfältig in Opas mit Heu ausgepolsterten Weidenkörben verstaut und anschließend von uns Klapperführern buchhalterisch registriert.

Das Klappergesetz schrieb vor, daß alle Naturalien gerecht unter den Klapperjungen aufzuteilen waren, ausgenommen das Geld, das den Führungskräften vorbehalten blieb. Verteilungskriterien waren das Alter, die regelmäßige Teilnahme laut Anwesenheitsliste und ein Katalog möglicher Vergehen wie Verspätung, Feh-

Der Lohn für fleißiges Klappern.

Foto: Verfasser

len, falscher Klappertext, schlapper Stimmeinsatz oder – ganz schlimm – Nichtbefolgen der Anweisungen der Obrigkeit. Für jede dieser Sünden wurde ein Ei abgezogen.

Wir Klapperführer, Holly, der Decke und ich, trugen einen beachtlichen Lohn in den Körben heim, und das Wasser lief uns beim Anblick des Osterschatzes im Mund zusammen. Als Organisatoren waren wir der Überzeugung, daß der größte Anteil verdientermaßen uns selbst zufallen müsse, und überhaupt, wer außer uns wußte denn, was in den Körben alles drin war? So sortierten wir als erstes die Rohlinge aus und versteckten sie, um sie später in der Wirtschaft des Nachbardorfes dem Wirt zu verkaufen. Bei dieser Arbeit wühlten wir zwischen all den Leckereien herum und bekamen plötzlich einen unbändigen Heißhunger darauf. Schokolade, zartbitter! Mehrere Tüten Gummibärchen, dann ein Osterei, und noch eins ... welch ein

Genuß! Holly und der Decke brauchten keine Einladung und langten ebenfalls zu.

Mitten in der Schlemmerei schlug ich vor: „Komm, mir maachen e Wettäße, wän die meest Eier verdreet, greet noaher et

Mit solchen Ratschen zogen die Kinder durch das Dorf

aus Ingo Konrads (Hrsg.): Vergessenes Land – Wiederentdeckte Eifel-Fotos von Joseph Jeiter, S. 117; Aachen 1996

Jäld." Das Wettessen verbrauchte ein stattliche Menge an Eiern, die eigentlich der Klappergemeinschaft zugestanden hätte. Schließlich konnten wir nicht mehr, die Eier kamen uns bald schon aus den Ohren. Hollys Gesicht verfärbte sich schon leicht ins Grünliche, der Decke verschwand sehr plötzlich in Richtung Misthaufen, und auch in meinem Innern ging es turbulent zu: „Mensch, hoan äisch Bauchwieh!"

Bald würden die Klapperjungen ihren Lohn abholen wollen, oder besser das, was davon übrig war. Das geschah immer bei dem Klapperführer, der eine zweigeteilte Stalltür zur Verfügung stellen konnte. Der untere Teil blieb verschlossen und verhinderte so die Einsicht in die Körbe, durch den oberen Teil erfolgte die Ausgabe. In unserem leidenden Zustand konnten wir den vereinbarten Abholtermin allerdings beim besten Willen nicht einhalten. Also blieb die Stalltür geschlossen, und ein Zettel teilte mit: „Die Eierausgabe erfolgt in drei Stunden, wir sind noch mit den Sammelkörben im Dorf unterwegs."

Pünktlichkeit

Meine Mutter kam zwar aus dem Nachbardorf Darscheid, aber eigentlich stammte ihre ganze Sippe aus dem nahegelegenen Udler, so daß die Familie meiner Mutter einfach ‚Uhler' genannt wurde. Einer aus dieser Verwandtschaft war mein etwas älterer Vetter Willi, der ‚Uhler-Willi'. Ihn beschäftigte am meisten der Gedanke, wie er sich für ein paar Groschen nützlich machen könnte. So zog er mich einmal anläßlich eines unserer Besuche in Darscheid in die Schusterwerkstatt unseres Opas und bog geschickt mit Hammer und Zange aus Draht Torverschlußbügel, die wir dann gemeinsam meiner Mutter für zwanzig Pfennige andienten. Das ergab für jeden ein Eis. Und weil seine Tante sich großzügig auf den Handel eingelassen hatte, produzierte Willi bei den nächsten Besuchen wieder Torverschlußbügel, bis diese mit dem Hinweis, nun könne sie allmählich das ganze Dorf mit den Bügeln versorgen, jeden weiteren Ankauf ablehnte. Willi faßte aber auch gutwillig und ganz ohne geschäftlichen Hintersinn mit an, wenn in Stall und Scheune einmal viel Arbeit anlag. Nur suchte Opa dann hinterher die Kälberstricke und Kuhketten, weil Willi sie an Balken oder Obstbäumen zweckentfremdet zum Schaukeln benötigt hatte.

Mit der Einschulung begann auch für Vetter Willi ein bedeutender Lebensabschnitt. Der Ranzen, ein uraltes Familienerbstück, lag schon bereit, Schiefertafel, Schwamm und Griffel mußten neu angeschafft werden, ein Tafellappen wurde genäht. Das wichtigste Utensil durfte natürlich nicht vergessen werden: die traditionelle, mit Süßem gefüllte Schultüte. Den Tornister gebuckelt, die Schultüte im einen, seine Mutter am anderen Arm, betrat Willi voller Tatendrang seine neue Wirkungsstätte.

Der erste Schultag

Foto: Verfasser

Der erste Schultag ließ sich recht angenehm an. Den Kindern wurden ihre Bänke und Banknachbarn zugewiesen, der Lehrer sprach zu den anwesenden Müttern, und schon waren alle wieder entlassen. Der zweite Schultag geriet schon weniger angenehm, denn nun wurden erst einmal ausführlich die strengen Regeln erklärt, die von nun an zu gelten hätten. Willi ahnte, daß sich seine Tagesabläufe einschneidend zu verändern drohten. Das fängt ja gut an! ...„und das für acht Jahr",... dachte er und ließ die vielseitigen Belehrungen schicksalergeben über sich ergehen. Sein Blick jedoch wanderte durch das Fenster hinaus in Gottes freie Natur, wo er noch gestern sich unbeschwert bewegen durfte. Acht lange Jahre! Dabei schien ihm das Stillsitzen jetzt schon unerträglich, denn immer unruhiger rutschte er auf seinem harten Sitz hin und her. Da kam endlich die Erlösung.

Der Klang der Mittagsglocke drang unüberhörbar in den Schulsaal. Willi hatte zu Hause Gehorsam und Pünktlichkeit als eherne Gesetze kennengelernt. Also packte er Tafel und Griffelkasten ein, zog die verrutschten Kniestrümpfe hoch, schulterte seinen Ranzen und wandte sich wortlos und ohne mit erhobenem Finger seine Absicht zu bekunden, wie man es ihm doch gerade beizubringen versucht hatte, am völlig verdutzten Lehrer vorbei der Saaltür zu. „Willi, wohin?", stoppte der ihn mit hochgezogenen Augenbrauen. Doch Willi hatte es eilig und die Klinke schon in der Hand. Er drehte sich, für diesen Tag Abschied nehmend, noch einmal um und erklärte in bestem Darscheider Platt: „Et läit Mettach, Herr Lehrer, unn wenn et Mettach läit, Herr Lehrer, moaß äisch jede Daach ääße joan, daan hott de Motter dä Desch jedääkt, unn haut jett et Erbsezopp!"

Die sparsame Oma

Gleich neben meinem Elternhaus wohnte meine Tante Käddi. Sie war schon Witwe und lebte mit meiner Oma Eva, kurz Ev genannt, zusammen, die ihren Lebensabend bei ihr verbrachte. Auf diese Oma war ich mächtig stolz, denn sie war die zweit-älteste Person in unserem Dorf, und alljährlich, wenn die große Gratulantenschar zum Geburtstag antrat, fühlte ich mich selbst höchst geehrt. Die kleinen Geschenke nahm sie mit einem leicht verlegenen „Danke. Daat wär ewwer net niedesch jewäästˮ entgegen, um sie schnellstmöglich an einem mir unbekannten Ort zu verstauen, wo sie wie kostbare Schätze gehütet wurden.

Wie ich mich erinnere, trug Oma Ev meist ein schwarzes Kopftuch, das ihre ‚Knauß' am Hinterkopf verdecken sollte, bequeme Bommelpantoffeln, in denen sie auch über die Straße zu schlurfen pflegte, und einen bodenlangen Rock mit einer wärmenden Weste darüber, von der sie sich sommers wie winters nicht trennte. Obwohl sie schon sehr gebückt ging, benutzte sie einen Krückstock nur dann, wenn sie sich unbeobachtet fühlte. Lachen sah ich sie kaum. Im Gegenteil, ihr runzeliges und faltiges Gesicht mit den tiefliegenden strengen Augen flößten mir ordentlich Respekt ein, und wurde ihr einmal mein Treiben zu bunt, genügte der

Oma Ev

Foto: Verfasser

mahnend erhobene Zeigefinger ihrer abgearbeiteten Hand, um die gewohnte Ordnung wieder herzustellen.

Wenn meine Eltern außer Haus waren, wurde ich in Kost und Logie zu Oma und Tante gegeben. Tante Käddi arbeitete zu dieser Zeit im Verkauf der Heimweberei-Genossenschaft und hatte ein gesichertes Einkommen. Oma Ev wachte darüber, daß dieses Geld nicht allzu schnell unter die Leute kam. Mit meiner Tante verstand ich mich sehr gut, nahm sie mich doch gelegentlich mit nach Daun auf den Markt, wo sie mir jedesmal etwas zum Naschen kaufte. War sie zur Arbeit, vermied ich es allerdings, das Nachbarhaus aufzusuchen. Manchmal jedoch, wenn mein Magen vorzeitig zu knurren begann, bat ich Oma Ev, ob sie mir nicht eine Schmeer machen könne. Diese Bitte wurde wortlos angenommen, und aus dem Brotkasten kramte sie diejenige Schnitte hervor, die offenbar schon am längsten darin gelegen hatte. Die herrliche, goldgelbe, im Butterfaß selbstgemachte Butter lachte mich aus dem Schrank an, aber Oma griff zu dem Glas daneben mit der selbstgemachten Marmelade und kratzte eine Messerspitze davon auf die dünne Brotscheibe. Meiner Tante wagte ich von dieser übertriebenen Sparsamkeit nichts zu berichten, denn ich befürchtete, bei der nächsten Hungersnot mit Abstinenz gestraft zu werden.

Eines Tages hielt der Lieferwagen einer Elektrofirma vor dem Haus meiner Tante. Zwei Männer trugen einen übergroßen Pappkarton ins Haus. Er mußte einen sehr kostbaren Inhalt haben, denn Tante Käddi, die die niedrige Haustür aufhielt, mahnte in einem fort: „Bloß nicht fallen lasssen! Passen Sie gut auf!“ Von der Hausecke her beobachtete ich mit wachsender Neugier die Vorgänge. Die beiden Männer kamen nach einiger Zeit wieder heraus und fuhren in ihrem Lieferwagen davon. Im Haus wurden die Vorhänge zugezogen. Ich pirschte mich heran und vernahm innen fremde Frauen- und Männerstimmen, und alle sprachen auf Hochdeutsch! Endlich kam Tante Käddi wieder hervor, sah mich mit meinem ratlosen Gesicht da stehen und strahlte: „Heute Abend darfst du uns wieder besuchen!" Sie sprach zu meiner Verwirrung ebenfalls hochdeutsch und wirkte dabei sehr vornehm.

Diesen Abend konnte ich kaum erwarten, und als ich gespannt und aufgeregt in die gute Stube stürzte, fand ich Tante Käddi und Oma, wie sie vom Sofa aus gebannt in eine Zimmerecke schauten. Mein Güte, da stand tatsächlich ein Fernsehgerät! Mein Herz jubelte. Endlich waren die Sonntage vorbei, an denen ich meinen Groschen für die Filme in der Flimmerkiste opfern mußte. Von nun an wurde ich bei Tante Käddi Dauergast. Das war ihr sogar sehr lieb, denn mit der Bedienung kam sie gar nicht gut zurecht, so daß ihr meine technischen Fachkenntnisse unentbehrlich wurden. Also wagte ich mich auch zur Fernsehstunde, als Oma einmal allein zu Haus war, aber da wurde nichts draus. Großmutter traute dem modernen Zeug nicht über den Weg und war viel zu ängstlich, es könnte etwas kaputt gehen. Darum befahl sie in bekannter Resolutheit: „Dä blöde Kasten bläiwt aus, daat Dinge brauch villzovill Spritt!"

Kamelle, Kamelle...

Irgendwann hatten die Möhnen und ‚Moarflappesen' das Fastnachtsvirus auch auf Holly und mich übertragen. Schon lange bevor die tollen Tage näher rückten, erfaßte uns ein leichtes Narrenfieber. Wie sollten wir uns kostümieren? Welchen Unsinn könnten wir zum fröhlichen Treiben beisteuern? Während ich mich auf der Kappensitzung sogar in die Bütt traute, interessierte sich Holly mehr für die technische Seite der Fastnacht, sprich den Wagenbau für den Rosenmontagszug. Da war ich höchstens als Handlanger gefragt. Aber beide hatten wir den Ehrgeiz, mit dem größten und originellsten Fastnachtswagen alle Konkurrenz auszustechen. Das erforderte eine monatelangelange Planungsphase. Am wichtigsten war es, ein griffiges Motto zu finden, das dann auf dem schweren Ackerwagen von Hollys Vater Gestalt annehmen sollte.

Bei einem unserer täglichen Streifzüge entdeckten wir in der Flur im Gestrüpp ein ausgedientes Jauchefaß. Es war zwar schon reichlich verrostet und verbeult, aber bei seinem Anblick schwärmte Holly: „Daat Faaß oß jenau rischtisch. Daat schleefe mir heem verr dä Fosseneschtswoahn." Was er damit vorhatte, verriet er noch nicht, aber er fügte hinzu: „Ooß Schäier oß zokleen. Mir joan bäi Hermes Franz, un dämm säina grußa Schäier jett diß Joahr jebaut." Zur Vorbesprechung rückten wir bei Hermes Franz an. Der hatte selbst Söhne und darum viel Verständnis für die Jugend. Fast alle Jungen waren schon einmal auf seinem Traktor mit aufs Feld gefahren, und wer Franz beim Melken half, durfte gleich im Stall die noch warme Milch direkt von der Kuh probieren. Bei Franz also rückte Holly mit seinen Plänen heraus und erläuterte, indem er beide Arme zur Hilfe nahm, in Architektensprache: „Mir konstruieren uß dämm Puddelsfaaß en rischtisch Raket mott Abschußrampe, unn die jett suh gruuß unn hieh, daat ma die anner Fosseneschtswään janett säit. Mir dohn ooß daan als Robbotta oann, unn dä kleene Hermes Werner kitt un daat Puddelsfaaß mott a Antenn opp dämm Kopp als Maan umm Moand!" Werners Vater war mit allem einverstanden, und am nächsten Tag schon legte sich Holly ins Zeug. Er sägte und hämmerte und kommandierte, bis das Jauchefaß auf der Rampe stand mit einer Öffnung für den Mann im Mond als Piloten. Ich mußte das Ganze anschließend grellbunt anmalen, beschriften und mit Luftschlangen garnieren. Franz hatte uns gewähren lassen, doch als er unser Werk besichtigte, schlug er die Hände über dem Kopf zusammen: „Dir säit

mir schiene Inschenöre! Daat Dingen oß doch zo hieh, daat jeet joa janett inner därr Stromleedung dursch!“ Kein Problem für unseren Konstrukteur. Die Abschußrampe wurde verkürzt, und der Rosenmontag konnte kommen.
Kaster Tunn vom Karnevalsverein ging vor dem großen Umzug zu den einzelnen Gruppen, um das Wurfmaterial auszuteilen. Auch wir erhielten einen Plastikeimer voll bunter Bonbons, den wir zur Aufbewahrung an Werner weiterreichten. Weil er wenige Jahre jünger war als wir und deshalb ein Stück kleiner, war er dazu ausersehen, die Pilotenkanzel hoch oben zu besetzen und von dort aus die Kamellen ins Narrenvolk zu werfen. Wir waren sehr stolz auf unseren Wagen und fest davon überzeugt, daß wir mit ihm den Vogel abschießen würden.

Es herrschte eine tolle Stimmung am Rosenmontag. Die Akteure waren in Hochform und die Zuschauer auf der überfüllten

Fastnachtsumzug in Mehren (Kreis Daun) 1926.

aus Franz Josef Ferber: Kreis Daun – Bilder aus vergangenen Tagen, S. 168; Meinzerzhagen 1985

Dorfstraße lachten über ihre komischen Aktionen und Maskeraden und beklatschten die Gruppen und Wagen. Es wurde gesungen und geschunkelt und die immer schrägeren Töne der beschwipsten Musikkapelle gingen im Trubel beinahe unter. Nur unser Wagen schien unbeachtet zu bleiben. Kaum einer interessierte sich für unsere Rakete, nicht einmal die Kinder. Werner gab sich alle Mühe, den Lärm mit „Hellau! Hellau!!“ zu übertönen, aber warum warf er keine Kamellen? Merkwürdig. Ich ging nach hinten, um nach dem Rechten zu sehen. Werner schrie gar nicht „Hellau“, sondern „Hilfe! Hilfe!!“ Zurück auf dem Traktor, fragte ich Franz: „Waat oß mott dämm Werner loahß, oß dä krank, oder stinkt daat Puddelsfaaß noch suh schräcklesch?“ Franz hielt an und sah nun ebenfalls besorgt zu seinem Sohn in die Höhe. Gemeinsam befreiten wir Werner aus dem Raketensitz. Fest in seiner Faust hielt er den Kamelleneimer – leer! Ziemlich kleinlaut beichtete er: „Mir oß duutschlächt. Äisch hoann de janz Kamelle uß dämm Eemer selwer jäß, wäil ab Äschermettwoch Faastezäit oß.“ Und mit Entrü-

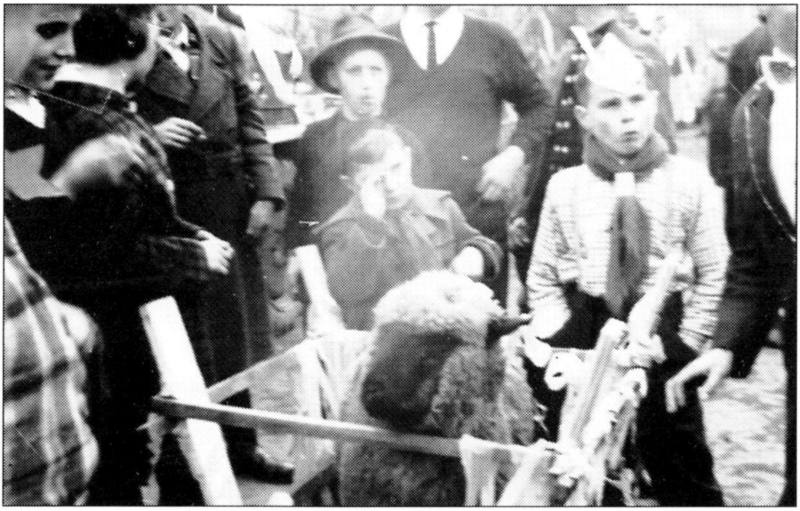

Fosseneschtsjääken

Foto: Verfasser

stung in der Stimme fügte er hinzu: „Ewwer bäh pfui, daat woar vielläischt bellesch Jeschier un dämm bunte Pabäier!“

Knalleffekt

Im großen Gasthof in unserer Nachbarschaft wurden regelmäßig auch Lehrlinge ausgebildet. Meistens waren es Mädchen aus den umliegenden Dörfern, die gerade die Volksschule hinter sich gebracht hatten und etwa in unserem Alter waren. Sie wohnten auch bei Kost und Logie in diesem Haus, wurden sorgsam behütet und durften es nur verlassen, um Aufträge zu erledigen oder wenn die Eltern zu Besuch kamen.

In unserer Clique interessierte sich keiner für ‚die dämlichen Weiber‘, bis auf Robbes. Er trieb sich immer wieder in der Nähe des Gasthofs umher und versuchte mit dem einen oder anderen der Mädchen anzubandeln, wenn es wegen irgendwelcher Besorgungen ins Dorf geschickt wurde. Dann sprach er es an, begleitete es, unterhielt sich mit ihm, machte gar Komplimente und erbot sich, ganz wie ein Kavalier alter Schule, die schwere Tasche zu tragen. Da Robbes nicht gerade unsympathisch wirkte, ließen manche sich das gefallen, manche aber auch nicht. Sie gaben ihm einen Korb, was ihn in seiner Eitelkeit sehr kränkte.

Zu Sylvester war der Gasthof stets voll belegt, und nach Neujahr mußten die Mädchen viele Gänge machen, damit die Küchenvorräte wieder aufgefüllt werden konnten. Auf eines hatte Robbes inzwischen ein besonderes Auge geworfen, und beim nächsten Einkauf fing er seine Angebetete ab. Er redete und gestikulierte und bot seine Tragehilfe an. Aber die Herzensdame blieb kühl und abweisend und lehnte jede Hilfe ab, obwohl das Gewicht zweier Taschen ihr sichtbar zu schaffen machte. Selbst die üblichen Komplimente verfingen nicht, sie ließ Robbes einfach links liegen. Das war nun doch zuviel!

Von der Sylvesterknallerei hatte Robbes noch ein paar Kracher übrig, die er nicht in fremden Briefkästen hatte explodieren lassen, sondern die er für besondere Gelegenheiten in der Hosentasche mit sich trug. Als sein Schwarm bis zum Hauseingang ihn immer noch nicht erhört hatte, verkehrte sich seine anhimmelnde Bewunderung in die bösen Rachegedanken eines abgewiesenen Liebhabers. Er prüfte, ob die Luft rein war, entzündete unbemerkt einen seiner Knallkörper und warf ihn dem Mädchen in die Tasche. Dort gab es eine heftige Explosion. Das Mädchen ließ vor Schreck die Taschen fallen und flüchtete sich ins Haus, während die eingekauften Waren sich über die Straße verteilten. Robbes machte sich ebenfalls aus dem Staub. Wenn er aber gemeint hatte, niemand hätte seinen bösen Streich beobachtet, so war er im Irrtum. Einer hatte doch alles gesehen.

Ein aufmerksamer Wächter

Foto: Verfasser

Er befand sich zum Glück gerade in seinem Zinger, knurrte gefährlich und fletschte unheildrohend die Zähne. Es war Ajax, der Wachhund. Seinem Hundeinstinkt hatte sich eingeprägt, daß ein Tier seines Rudels, für das er allein verantwortlich war, in diesem Falle also das Lehrmädchen als Mitglied der Belegschaft, soeben bedroht worden war.

Wenn Robbes ins Dorf wollte oder seine Kameraden suchte, kam er auch immer wieder am Gasthof vorbei. Irgendwer hatte Ajax aus dem Zwinger gelassen. Er lief frei herum, und als er den Übeltäter sah, stürzte er sich mit Gebell auf ihn und grub sein Gebiß in dessen Arm. „Hilfe! Hilfe! Äisch hoann dir doch näist jedoon!“ schrie Robbes in höchster Not. Aber Ajax ließ nicht los, bis der Wirt auf das Geschrei hin herauseilte und mit einem lauten „Aus! Pfui, Ajax!“ die Erlösung brachte. Mit Robbes zeigte er wenig Mitleid. „Suh! Wäile hoß dau ändlesch däin Strof! Dat näxt Moahl läßt dau die Mädja unn Roh! Äwwer die kabottesch Magrin moßdema trotzdämm bezolle!“

Geschäftstüchtig

Zu unserer Kinderzeit war Schalkenmehren noch ein richtiges Bauerndorf. Die meisten Familien mußten von ihren kleinen Höfen leben und hart arbeiten, um über die Runden zu kommen. Da wurde die Butter noch in hölzernen Butterfässern gestampft oder in der Zentrifuge geschleudert, Gemüse kam aus dem Garten, und man ließ kein Stück Obst verderben. Dazu kamen die vielen kleinen und großen Nutztiere, denen sie Schinken, Wurst oder Braten verdankten. Fast jeder Hof hielt in drahtvergitterten Holzkästen Kaninchen, und überall begegnete man Hühnerscharen, die frei herumliefen und die nur von ihrem Hahn aufmerksam bewacht wurden.

Hühner und Schweine wurden überwiegend für den Eigenbedarf gehalten.
aus Franz Josef Ferber: Kreis Daun –
Bilder aus vergangenen Tagen, S. 166; Meinerzhagen 1985

In einer solchen Umgebung lag es nahe, daß auch wir Schulbuben uns mit der Landwirtschaft befaßten: Wir züchteten Kaninchen. Holzkästen wurden gebaut, Muttertiere und Rammler getauscht, weil keine Inzucht entstehen sollte, und die Hoppelmänner liebevoll umsorgt, so daß es ihnen an nichts fehlte. Leider hielt unsere anfängliche Tierliebe nicht allzu lange vor, denn das tägliche Füttern und Versorgen hielt uns doch von so manchem anderen ab, das uns viel wichtiger schien. Wenn dann auch die Eltern nicht mehr einsehen mochten, warum sie sich nun täglich um unsere Kaninchen kümmern sollten, fällte der Vater bald eine harte Entscheidung: Die Stallhasen wurden einer nach dem anderen zum Sonntagsbraten.

Dieses Schicksal ereilte auch meine Hasen, und jedesmal kriegte ich keinen Bissen hinunter. Etwas traurig sah ich in die verwai-

Foto: Verfasser

sten Ställe, die nun völlig unnütz hinter dem Haus herumstanden. Meinem Freund Holly war es nicht anders ergangen. So überlegten wir, wie unsere Kaninchenställe wieder mit Leben gefüllt werden könnten.

In der weiteren Nachbarschaft begann man sich bald darüber zu verwundern, daß einige Hühner fehlten. Waren Marder oder Wiesel unterwegs, gar ein Fuchs in der Nähe? Merkwürdig, auf einmal tauchten die Verschollenen wieder auf. Wo hatten sie sich bloß herumgetrieben? Holly und ich wußten es. Wir hatten die angeblichen Ausreißer mit Körnern in unsere Kaninchenställe gelockt und dort eingesperrt. Hier wurden sie nicht eher freigelassen, bis sie ein Ei gelegt hatten. Mindestens ein Ei pro Tag war Pflicht, denn auch wir waren geschäftliche Verpflichtungen eingegangen. Unsere Eier der Güteklasse 1A fanden erfreulich guten Absatz. Wir hatten schon eine kleine Stammkundschaft, und mancher kaufte die Eier seiner eigenen Hühner. Meine gelegentlichen leichten Bedenken wischte Holly weg: „De Eier sehn all jeläisch aus. Eeß säin se wäiß unn eeß säin se braun. Unn je nodämm wie de Hooner jelaunt säin, jett et entweder deck oder krumm Eier. Wän kaan att feststelle, opp de Eier von säinem Hoon säin? Su schlau kaan kee Mensch säin, oder hott daat Hoon en Nommensstämpel hunnedrunn, woa et de Eier eloah hunne eruß däit? Basta! Mir hollen zwien Grosche ferr et Steck, unn daat jett en janz Stang Rahmkamelle, unn wenn daat Hoon ke Ei lähscht, bläiwt et su lang umm Stall, boß et ändlesch säin Orbett jedoon hot. Daat kreet joah och schleeßlesch kostenlos Fodder von ooß.“

En oß kabott

Die Winter in der Eifel waren früher sehr streng, lang und schneereich. Das Maar war dick zugefroren und lockte die Schlittschuhläufer, und die abschüssigen Wege im Dorf, mehr noch die steilen Hänge rund um's Dorf waren ideal zum Schlittenfahren geeignet.

Während die Kleineren mit ihren Schlitten eher das Dorf unsicher machten, trafen wir Größeren uns regelmäßig draußen auf einer langen steilen Hangwiese. Das Besondere an ihr war, daß sie am unteren Ende mit einem etwa zwei Meter hohen Felsbuckel abschloß, einer richtigen Sprungschanze also. Hoch oben startete man, beschleunigte nach Kräften, wurde unten von dem Buckel in die Luft geschleudert, flog über den angrenzenden Feldweg hinweg und setzte jenseits davon wieder auf. Die Flugweiten wurden genauestens vermessen, und spätabends, wenn im Dorf die Laternen schon längst angegangen waren, wurde der Tagessieger festgestellt.

Tagessieger zu werden war der Ehrgeiz eines jeden Wettbewerbteilnehmers. Die Konkurrenz war groß und forderte immer kühnere Einsätze. Auch ich gab mein Bestes. Mein Schlitten war zwar ein uraltes Gestell aus den Kindertagen meines Opas, aber seine blitzblanken Kufen führten mich immer in die Spitzengruppe der Flieger. Nur Tagessieger war ich noch nicht gewesen, und das wollte ich unbedingt werden.

Nach vielen Versuchen nahm ich wieder einmal Anlauf, beschleunigte mit aller Macht und schaffte es tatsächlich, die Bestweite um einige Zentimeter zu überbieten. Mein hochbetagter Schlitten aber schaffte es nicht mehr. Beim Aufsetzen brachen

Winterfreuden

Foto: Archiv Verbandsgemeindeverwaltung Daun

die Kufen weg, und der kräftige Aufprall ließ bei mir die Lichter ausgehen.

Freund Holly war als erster bei der Unglücksstelle, sah mich leblos am Boden und bekam es mit der Angst zu tun. Behutsam hob er mich auf seinen Schlitten und zog mich nach Hause. Auf dem Weg dorthin legte er sich zurecht, wie er die Sache meinen Eltern beibringen sollte, ohne sie gleich zu Tode zu erschrecken. „Et oß jätt Schlimmes pasiert“ , druckste er verlegen, „mott säinem Schlidden oß en vom Felsen jestürzt. Ewwer et kaan net e suh oarch säin, davier hott en noch Kaujummi jekaut.“

Meine Eltern schlugen dennoch in heller Aufregung die Hände über dem Kopf zusammen, vermuteten bei mir mindestens eine schwere Gehirnerschütterung und wollten sofort den Hausarzt rufen. Aber Holly wiegelte ab: „Woa näist oß, kaan och keen Erschütterung kunn.“ Er zog die Schultern hoch und fügte mit besorgter Miene hinzu: „Waat soll esch daan soß noch soan, et oß schrecklech, ewwer äisch meene, en oß kabott!“

„Tot??“ , fragten entsetzt Vater und Mutter wie aus einem Munde. „Nää“, stellte Holly richtig, „äire Sohnemaan oß net duut. Ewwer dä jode, oarme Schlidde oß kabott unn läit owwe bäim Felse unn sträkt alle Viere von sesch.“

Ein ungelöster Fall

Fußballspielen war unsere erklärte Lieblingsbeschäftigung. Leider fehlte uns so ziemlich alles, was man normalerweise dazu benötigt, zum Beispiel ein Ball. Ersatzweise bolzten wir mit allem, was einem Ball nahe kam. Einmal hatte einer von uns zu Weihnachten ein richtiges rundes Leder geschenkt bekommen. Wir liebten es heiß und innig, bis Altstar Ed uns eines Tages seine überlegene Beinarbeit demonstrieren wollte. Er drosch das kostbare Stück ausgerechnet in das Wirtshaustransparent des Weißen Riesen, das in tausend Scherben zersprang. Nicht nur das, es hatte auch unseren Ball erwischt. Er fiel mit den Glassplittern zu Boden, schaffte noch einen schlappen Hüpfer und gab seinen Geist auf. Ed machte sich schleunigst aus dem Staub und überließ uns einer grenzenlosen Enttäuschung.

Ein anderes Problem war, daß wir keinen vernünftigen Sportplatz oder wenigstens einen Bolzplatz hatten. Da konnten wir nur mit Neid zu unseren geliebten Feinden nach Mehren blicken. Die hatten dort einen richtigen Sportplatz! Wir dagegen hatten ‚Auf Koop‘ ein buckliges und schiefes Gemeindegelände, auf dem man um Ginstersträucher herumspielen mußte und dessen steiniger Boden kaum einen berechenbaren Spielzug zuließ. Tore gab es natürlich auch nicht. Zwei in den Boden gerammte Stangen mußten es auch tun, nur gab es wegen der fehlenden Torlatte ständig Streit. Der Ball war zu hoch! Kein Tor! Das gilt nicht! Und wenn gar keine Einigung möglich war, mußte der Sieg oder das Unentschieden eben handgreiflich ermittelt werden.

Dieses Provisorium war auf die Dauer nicht tragbar, und so nahmen wir uns vor, eine den Regeln entsprechende Toranlage zu errichten. Das geeignete Material hatten wir schon in Augenschein genommen, nämlich hochgewachsene und kerzengerade Bäume in der Nähe des Martins-Feuerplatzes. Mit zu Hause entwendeten Sägen und Äxten begaben wir uns ans Werk, fällten sechs Bäume, vier dickere und zwei schlanke, befreiten sie von Ästen und Rinde und schafften sie auf Handwägelchen in ganzer Länge und mit viel Mühe zum vorgesehenen Standort. Als der Bürgermeister später die Lücke im Baumbestand wahrnahm, die wir hinterlassen hatten, bekamen wir einen gehörigen Anpfiff. Keinem von uns war der Gedanke gekommen, daß die Bäume auch einen Besitzer haben könnten.

‚Auf Koop‘ ging es zu Sache. Torhöhen und -breiten wurden vorschriftsmäßig ausgemessen, die Balken zugeschnitten und vernagelt und fest im Boden verkeilt. Wir waren mächtig stolz auf unser Werk, und nachdem wir mit Sägemehl aus der nahen Sprunggrube die Linien und den Elfmeterpunkt markiert hatten, wollten wir auch mit einem Fußballspiel, Oberdorf gegen Unterdorf, die neuen Tore einweihen. War das ein Spaß, die Bälle mit Wucht zwischen die Latten zu schlagen! Etwas lästig war es nur, den Ball wegen der fehlenden Tornetze jedesmal dreihundert Meter weit den Berg hinauf zurückzuholen. Auch die erwachsenen Kicker fanden sich bald ein und ersparten sich

Unser „Fußballstadion“
Foto: Verfasser

so den Weg zum Training nach Mehren. Leider waren wir nur noch zum Zuschauen verurteilt, wenn die Stars antraten, dafür aber durften wir zwischendurch ihre Lederbälle benutzen. Sehr lobenswert und nützlich fand auch Lehrer Henrich unsere Idee vor allem wegen seines Sportunterrichts. Über die Herkunft der Torbalken stellte er vorsichtshalber keine Fragen.

Unser Glück währte nur wenige Wochen. Eines Morgens machte Fritz in Richtung unseres Fußballplatzes dichte Rauchwolken aus. Was hatte das zu bedeuten? Wir waren zutiefst beunruhigt. Am Mittag jagten wir hinauf und standen atemlos vor der Bescherung: Beide Tore waren abgesägt und verbrannt worden! Wir waren fassungslos. Dann kam eine unbeschreibliche Wut in uns hoch. Brandstiftung! Diebstahl! Landfriedensbruch! – Wer waren die Übeltäter?! Der Verdacht richtete sich ohne Zweifel gegen Mehren. Weil die Anschaffung der Torbalken nicht so ganz legal erfolgt war, verbot es sich, die Polizei einzuschalten, also nahmen wir selbst die Ermittlungen auf. Sogar Henrich unterstützte uns dabei, leider jedoch ohne Erfolg. Der Fall blieb ungelöst, das Verbrechen ungesühnt. Noch heute sind die, die damals dabei gewesen sind, der Überzeugung: „Mensch, die Märrener hätten noch vill mie Prijjel vadeent!"

Ein harter Kampf

Die Sache mit den Toren hatte uns nicht entmutigt, im Gegenteil, jetzt hatten wir sogar die Erwachsenen auf unserer Seite. Mit ihrer Hilfe entstand ‚Auf Koop' ein richtiges Fußballfeld, bescheiden zwar und mit einigen Unschönheiten, aber doch ein bespielbarer Platz. Auf dem unebenen Lavagestein machte sich der Ball zum großen Ärger der Spieler oftmals selbständig, und wenn einer hinfiel, schrammte er sich die Haut gehörig auf und mußte erst einmal verarztet werden. Aber das tat der Spielbegeisterung keinen ernsthaften Abbruch. Unsere Mannschaft trug geliehene rote Trikots mit überknielangen Hosen, die im Sommer auch als Badehosen nützlich waren. Fußballschuhe waren sehr rar, und wenn wir ganz großes Glück hatten, gaben die von uns heiß verehrten Stars ihre ausgedienten Treter an uns weiter. Sie waren uns natürlich um einiges zu groß, aber damit jeder einmal in den Genuß solcher Spezialschuhe mit den Stollen kommen konnte, liehen wir sie uns gegenseitig brüderlich aus.

Man hatte auch schon einen Verein gegründet, der auf Betreiben eines Kaplans den etwas befremdlichen Namen ‚Deutsche Jugendkraft' (DJK) erhielt, dem in der Folgezeit aber alle Ehre gemacht werden sollte. Viele Siege errang er zwar nicht, aber wenn er einmal gewonnen hatte, wurde das im Vereinslokal ausgiebig begossen und laut gefeiert, und wir als treue Fans waren immer dabei und hofften darauf, vielleicht eine Limo abzukriegen. Überhaupt war das so eine Sache mit dem Alkohol. Vor jedem Spiel bestand ein striktes Alkoholverbot, aber einige Fußballer konnten es einfach nicht abwarten und tankten vorsorglich im Nachbarort schon mal auf. Das führte nicht selten zu Rempeleien im Spiel und zu hitzigen Keilereien danach, wobei sich die DJK Schalkenmehren erfolgreicher einsetzte als bei der Jagd nach den Punkten. Das ‚K‘ wie ‚Kraft‘ kam dann voll zur Geltung und ließ die Schalkenmehrener gelegentlich sogar die Beine der Wirtshaushocker ausbrechen, um damit auf den Gegner loszugehen. Man sprach schon vom ‚F.C. Stuhlbein 04‘.

So war es kein Wunder, wenn bei Punktespielen in der Kreisliga eine größere Zuschauermenge als üblich sensationslüstern den Einlauf der Schalkenmehrener Kicker erwartete. Sie wurde in der Regel auch nicht enttäuscht. Einmal waren es aber weniger die Spieler, deren Holzerei die Zuschauer in Harnisch brachte, als vielmehr der von Schalkenmehren gestellte Linienrichter. Diese wichtige Aufgabe hatte wie immer Siggi übernommen. Als Unparteiischer tat er sich allerdings sehr schwer, denn aus tiefster Seele bangte er um den Sieg seiner Mannschaft und unterstützte sie nach Kräften mit seiner Fahne. Damit löste er bei Spielern wie Anhängern der gegnerischen Mannschaft jedesmal ein wütendes Protestgeheul aus, bis es ihnen zuviel wurde und sie gegen Siggi, nachdem er wieder einmal eine mehr als fragwürdige Entscheidung getroffen hatte, tätlich wurden. Siggi wehrte sich mit dem Fahnenstock und prügelte in seiner Bedrängnis blindlings auf die Angreifer ein. Aber die Übermacht war zu groß. Wer konnte ihn daraus befreien? Wir, seine Freunde, waren es zu unserer Schande nicht. Angesichts der wütenden Meute war uns aller Mut abhanden gekommen.
Aber da kam schon die Rettung aus anderer Richtung. Juppes, Richard und Addi, drei gestandene Mannsleute und treue DJK-

Anhänger, hatten sich im nahen Heiligenhäuschen kurzerhand der Gebetsbänke bemächtigt und mit zu allem enschlossener Miene drohten sie, der aufgebrachten Menge die Bänke auf die Schädel krachen zu lassen. Das beeindruckte die Wütenden immerhin so sehr, daß sie von Siggi abließen und sich zurückzogen. Der hilflose Schiedsrichter, auch um die eigene Sicherheit besorgt, brach das grausame Spiel ab.

Unversehrt wieder zu Hause angekommen, wollte mein Vater einen ausführlichen Spielbericht hören. Ich konnte mich kurz fassen. „Papa, dau brauchs joa kee Fernseh ze keefe, äisch hoann haut opp dämm Foaßballplaatz sujar zwiehn Filme jesehn: en schräcklesch Foaßballspill, daat woar wie dä Wildwestfilm ‚Ein harter Kampf'!"

Weltreise

Mittlerweile war ich Pennäler geworden. In der Obertertia hatte ich mich mit Eddy angefreundet, einem Jungen aus Darscheid. Beide waren wir Fußballbegeisterte, und so dauerte es nicht lange, daß Eddy mich für die Jugendmannschaft, in der er spielte, als Tormann gewonnen hatte.

Die Sommerferien kamen näher, und wir beide schmiedeten Pläne. Eine Fahrradtour wollten wir machen, möglichst weit. Wir beschlossen, an den fernen Bodensee zu radeln, eine Weltreise. Weil die tiefbesorgten Eltern uns das Vorhaben partout nicht ausreden konnten, gaben sie schließlich ihre Erlaubnis. Ich graste alle Tanten und Onkel ab und brachte es zusammen mit dem Taschengeld auf ein Reisekapital von 150 Mark. Mein Gott, ich besaß ein Vermögen! Eddy bekam viel mehr Taschengeld als ich und fuhr zudem ein tolles Rennrad. Ich dagegen besaß nur eine alte Tretmühle, schwergewichtig und ohne Gangschaltung, aber unglaublich stabil und mit großem Gepäckträger. Deshalb durfte ich auch das Reisegepäck samt Zelt vollständig übernehmen. Mit überladenem Drahtesel, aber wohlgemut startete ich mit Eddy ins große Abenteuer.

In der Moselstadt Cochem legten wir die erste Pause ein und stärkten uns in einem vornehmen Café mit herrlich schmeckendem Kuchen. Die Rechnung betrug 25 Mark. Aber sorglos lebten wir weiter auf großem Fuß. In Überlingen am Bodensee angekommen, langte mein Geld gerade noch für ein Schälchen Hühnerklein, das man im ‚Wiener Wald' eigentlich nur für Hunde verkaufte.

Auf der Reise zum Bodensee
Foto: Verfasser

Unser Zelt war inzwischen so mitgenommen und unbrauchbar geworden, daß wir gezwungen waren, die Jugendherberge aufzusuchen. Aber auch Eddys Finanzen waren erschöpft, so daß es nicht sicher war, ob wir uns selbst diese preiswerte Unterkunft noch würden leisten können. Eddy machte einen sehr vernünftigen Vorschlag: „Von meinem Restgeld kaufen wir jetzt direkt zwei Fahrkarten mit Fahrradbeförderung, und in vier

Tagen fahren wir mit der Bahn heim. Dann können wir das Geld zwar nicht mehr für Essen ausgeben, dafür kommen wir aber nach Hause.“ Unseren Hunger stillten wir mit unreifen Äpfeln aus den riesigen Obstanlagen oberhalb des Seeufers, was, nebenbei bemerkt, nicht ohne Folgen blieb.

In der Jugendherberge waren wir ausgerechnet für den Tag unserer Abreise für den Küchen- und Spüldienst eingeteilt worden. Das hätte aber bedeutet, den Zug zu verpassen. Irgenwie mußten wir uns verdrücken. Im ersten Dämmerlicht des folgenden Morgens schlichen wir aus dem Schlafsaal, packten geräuschlos die Räder und machten uns aus dem Staub, ohne Küchendienst und sogar ohne Bezahlung. Eddy hatte zum Glück die Jugendherbergsausweise noch nicht abgegeben, aber – hatte man vielleicht doch die Personalien notiert? Würde man wegen unserer Zechprellerei die Polizei einschalten? Die Eltern benachrichtigen?

Unsere Sorgen verzogen sich erst, als wir im Zug saßen und die schöne Landschaft vorbeiziehen sahen. Mit jeder Station hob sich unsere Stimmung, und in Andernach waren wir wieder aufgeblüht. Zu allem Glück fand ich im Futter meiner arg mitgenommenen Jacke überraschenderweise ein Fünf-Mark-Stück. Das reichte für zwei trockene Brötchen mit ebenso trockenen Frikadellen, eine kleine Flasche Sprudel und sogar noch für ein Dreierpäckchen Africaine.

Der Bummelzug brachte uns hinauf in die Eifel, und endlich waren wir wieder daheim, abgemagert zwar, aber glücklich. Meine Mutter, als sie mich sah, schlug die Hände über dem Kopf zusammen: „Herrjott, Jung, dau säis joa aus wie en Skelett!“ Sie verschwand in der Küche, um ihrem Heimkehrer ordentlich was in die Pfanne zu tun.

Von der Jugendherherge ist nichts gekommen, weder eine Rechnung noch eine Anzeige, und so behielten wir die Sache als Geheimnis für uns.

Weiberdonnerstag

Der ‚Fette Dunneschdesch', also der Fette Donnerstag vor Fastnacht ist der Tag, an dem die Möhnen ihr Weiberregiment errichten. Außer Rand und Band ziehen sie im Dorf umher, und die Männer machen besser einen weiten Bogen um sie, denn werden sie erwischt, werden sie gnadenlos zur Kasse gebeten.

Als blutjunger freier Mitarbeiter bei der Lokalredaktion der regionalen Zeitung nahm ich mir vor, dem Möhnentreiben gewissermaßen beruflich entgegenzutreten. Mein Partner war

Schalkenmehrener Möhnen

Foto: Verfasser

Hanni. Er war um einiges älter als ich und besaß eine für Presseaufnahmen geeignete Kamera. Ich war für die Texte zuständig. Das Honorar teilten wir uns.

Diesmal wollten wir in Wort und Bild über den ‚Fetten Dunneschdesch' in Schalkenmehren berichten, aber unglücklicherweise geriet Hanni gleich in die Fänge der losgelassenen Weiber. Die traktierten ihn derart mit Hochprozentigem, daß er bald nicht mehr in der Lage war, auch nur irgend etwas durch seine Fotolinse zu erkennen. Man schaffte ihn schließlich in sein Bett, und ich stand da – ohne Fotos.

Ohne Bilder hätte mein Bericht aber nichts gebracht, also mußten welche her. Eine Kamera besaß ich leider noch nicht. Da fiel mir der Pappkarton ein, in dem meine Mutter alle möglichen Fotos aufzubewahren pflegte. Siehe da, ich wurde fündig: drei

Die Obermöhn Gret

Foto: Verfasser

Fotos mit waschechten Schalkenmehrener Möhnen darauf! Artikel und Honorar waren gerettet. Schon am Samstag erschien mein Bericht in der Zeitung. Alle drei Fotos waren abgedruckt worden. Ein bißchen war ich stolz auf mich.

Im Dorf begegnete mir Fried, die Obermöhn, eine originelle, aber auch recht energische und couragierte Frau, in Begleitung einiger anderer Möhnen. Aha, freute ich mich, jetzt wirst du ein dickes Kompliment abkriegen für deine journalistische Glanzleistung. Damit hast du die Schalkenmehrener Möhnen berühmt gemacht. – Aber was passierte? Die Fried packte mich am Ohr und schimpfte: „Dau Fläjel, woah hoaß dau die al Biller her? Daat oß doch net menschemilisch. Doa säin dat Kätt unn dat Suss dropp, unn die säin at fuffzehn Johr duut!“

Hillich

Normalerweise interessierten uns die Mädchen überhaupt nicht. Die ‚Langhaardackel‘ paßten nicht in unsere Gesellschaft. Etwas anderes war es aber, wenn sich ein Freier von außerhalb um eines von ihnen bemühte. Das hatten wir bald spitz. Irgendeines Abends hielten wir den beiden eine brennende Kerze vor und sagten: „Du bist gekommen, die schönste Rose unseres Dorfes zu pflücken, darum haben wir das Recht, dich zu bestrafen.“ Blies das Mädchen dann die Kerze aus, zeigte es sich einverstanden. Ein Zwanziger ließ uns vorerst wieder abziehen. ‚Heben‘ nannten wir so etwas, aber der Geldschein war erst der Anfang, sozusagen eine Vorstrafe. Wurde aus dem Paar ein Brautpaar und stand der Hochzeitstag fest, fand am Tag davor der Polterabend statt, die Hillich. Sich darauf gründlich vorzubereiten war Sache der Junggesellen.

Ein eisenbereifter Ackerwagen wurde herangefahren, Ketten und Sensen zum Haus der Braut geschafft, und wenn das Dorf versammelt war, schliffen wir Hillich. Zu diesem Zwecke wurde der Ackerwagen aufgebockt, ein Rad mit den Ketten gedreht und die Sense daran gehalten, so daß die Funken sprühten und ein ohrenbetäubendes metallenes Gekreische entstand.

Die Hillich wird geschliffen

Foto: Franz Josef Ferber, Daun

Wer als Junggeselle zum ersten Mal an solch einer Hillich teilnehmen wollte, mußte bestimmte Bedingungen erfüllen. Die erste war, die Hillich-Lieder mit allen Strophen zu beherrschen. Also übte er ‚Es waren zwei Königskinder‘ und ‚Ich habe mir eines erwählet, ein Mädel so fein, von Tugend so rein‘. Die zweite Bedingung bestand darin, beim Weiterfeiern im Wirtshaus auf einen Stuhl steigen zu müssen, um vor versammelter Mannschaft eine Arie zu schmettern. Das ging in der Regel gründlich daneben und versackte in Spott und dröhnendem Gelächter. Wer sich darum drücken wollte, dem kam der Alt-Junggeselle mit einer rußigen Bratpfanne und einer Bürste und schwärzte sein Gesicht. Der älteste Junggeselle war es auch, der das Brautpaar als erster beglückwünschte. Dabei nahm er das Hillich-Geld entgegen, meist einen Hunderter, und teilte mit, in welcher Wirtschaft weitergemacht würde und daß man sich die Gesangsauftritte nicht entgehen lassen möge.

Einmal rückte ein Bräutigam nur zwei lumpige Zwanziger heraus. Das reichte weder für's Bier noch für die begehrten Schnittchen, die zur Mitternacht üblicherweise aufgefahren wurden. Dem Geizhals war die Bestrafung sicher!

Während der Sensen-Zeremonie, als alles draußen auf der Straße sich versammelt hatte, bemerkten einige von uns, daß im hellerleuchteten Vorratskeller große Platten mit belegten Brötchen und Schüsseln mit Kartoffel- und Nudelsalat bereitstanden. In der Wirtschaft anschließend hielten wir Kriegsrat. Drei Freiwillige wurden zum Brauthaus zurückgeschickt. Einer gelangte von hinten durchs Kellerfenster in den Vorratsraum und reichte alles, was da stand, nach draußen. Mit großem Hallo wurden die drei mit ihrer Beute im Wirtshaus empfangen, und alle machten sich mit großem Appetit über die leckeren Sachen her. Der Wirt verzog gequält das Gesicht. Aus dem erwarteten guten Geschäft würde es in dieser Nacht wohl nichts werden.

Nach und nach trudelte die Hillich-Gesellschaft im Gastraum ein und sah mit neidischen Augen, wie wir es uns gutgehen ließen, während ihr noch kein Bissen angeboten worden war. Im Flur überprüfte der Bräutigam verstohlen seine Barschaft, denn wollte er sich nicht elend blamieren, mußte er jetzt dafür sorgen, daß für seine Gäste etwas aufgetischt wurde. Die ließen sich denn auch nicht zweimal bitten.

Prost! Vergnügt tranken wir dem Bräutigam zu, und der erwiderte mit süßsaurer Miene. Der Wirt hingegen strahlte aus allen Knopflöchern. Die Hillich nahm auch für ihn noch einen guten Ausgang.

Lobgesang

Der Decke hatte eine ausgezeichnete Singstimme. Nach einer fröhlich durchzechten Hillich-Nacht klang sie allerdings gar nicht mehr gut, dafür um so lauter. Holly, Wern und ich, wir störten uns daran nicht, als unser Quartett nach Hause schwankte. Die Nacht mußte sich wohl ziemlich in die Länge gezogen haben, denn an unserer Kirche stand die Tür schon offen.

Im Kopf des Decken zündete etwas: „Dier stellt de Kirchendier sperrangelwäit opp unn stoat Schmiere, daat och joa kee Mensch kitt", kommandierte er. Was hatte er vor? Wieder ´mal die Glockenseile ziehen? Nach einer andächtigen Einkehr hörte es sich jedenfalls nicht an. Der Decke stolperte lärmend die steilen Stufen zur Empore hinauf und wuchtete sich auf die Orgelbank. Wie es der Zufall wollte, war die Abdeckung der Tastatur nicht vorschriftsmäßig abgeschlossen. Der Decke hatte freies Spiel, zog sämtliche Register auf einmal, griff voll in die Tasten und bearbeitete mit den Füßen die Pedale. Das gequälte Instrument schrie schmerzvoll auf und jaulte und jammerte zum Gotterbarmen. Der Höhepunkt kam aber noch, denn jetzt setzte der Decke zum Gesang an. ‚Großer Gott, wir loben Dich', brüllte es von oben und hallte von den Wänden der leeren Kirche wider.

Da wir die Kirchentüre weit offen zu halten hatten, drang der infernalische Lärm auch nach draußen, und während wir amüsiert das Geschehen im Inneren verfolgten, standen plötzlich

Das malträtierte Instrument
Foto: Verfasser

beunruhigte Nachbarn und Passanten hinter uns. „Um Himmels wellen, et jett immer schlummer. Waat maach oose Härrjott mott dänne Fläjele maache? Daat oß die heutige Jugend! Wäile fäiern se att en Party un der Kirch!“

Hexennacht

Auf die Nacht zum 1. Mai freuten wir uns schon lange vorher. Es war die Nacht der bösen Streiche, die Hexennacht, in der wir ungestraft die Dorfbewohner ärgern durften und vor allem denen eins auswischten, die sich im Laufe des Jahres unbeliebt gemacht hatten oder die einfach keinen Spaß vertrugen und die wir darum besonders gern der Schadenfreude des ganzen Dorfes auslieferten. Vorsichtige Hausbesitzer brachten

Dä Maiboom jett oppjestallt
Foto: Viktor Michels, Schalkenmehren

zwar alles, was nicht niet- und nagelfest war, in Sicherheit, aber uns fiel immer wieder etwas Neues ein. Nur eine Regel galt es zu beachten: Es durfte kein Schaden angerichtet werden.

Bevor es losgehen konnte, stand erst einmal eine andere wichtige Gemeinschaftshandlung an: Der Maibaum mußte aufgestellt werden. Eine mächtige Fichte war gefällt worden und wurde geschält und mit buntem Kreppapier umwickelt mit Gesang ins Dorf gefahren. Wir Jungfüchse hatten ein tiefes Loch auszuheben, und mit vereinten Kräften wurde der Baum dort hineinbugsiert und fest verkeilt. Schäfermattes Rudi begleitete die Arbeit auf seinem Schifferklavier, der Quetsch, und nach getaner Arbeit machten wir uns über die Bierkästen her, so daß wir

Schäfermattes Rudi mit seiner Quetsch

Foto: Verfasser

für die kommende Nacht richtig eingestimmt wurden.

Der erste, den wir uns diesmal vornahmen, war ein Bauer, vor dessen herrischer Art wir uns schon als Kinder immer gefürchtet hatten. Wir schlichen uns in seinen Stall, machten die Kühe los und trieben sie nach draußen. Trotz aller Vorsicht blieb unser Tun nicht unentdeckt, denn fluchend und mit einer langen Latte bewaffnet erschien der Hausherr und ging wutentbrannt auf die Übeltäter los. Norbes hatte sich für diesen Fall ein Ablenkungsmanöver ausgedacht, denn plötzlich rumpelte es und die Tür des Donnerbalkens bewegte sich auf uns zu. In ihrem herzförmigen Ausschnitt erkannte man so etwas wie einen weißen Mumienkopf, und eine hohle Stimme heulte schauerlich. Unser Verfolger fuhr herum und begann wie von Sinnen mit seiner Latte auf die Klotür einzudreschen. In einem wilden Tanz wich Norbes, der sich mit Klopapier um den Kopf unkenntlich gemacht hatte, den Schlägen des Wütenden aus und benutzte die Tür als Schutzschild. Das sah derart komisch aus, daß wir uns die Bäuche hielten vor Lachen. Endlich gelang es ihm, die Tür hinzuwerfen und mit wehenden Papierfahnen die Flucht zu ergreifen, und wir anderen nichts wie hinterher.

Nachdem wir das Weite gesucht hatten, sollte es einem anderen Bauern ans Leder gehen, den wir schon im Vorjahr heimgesucht und ganz gehörig in Rage versetzt hatten. Vermutlich erwartete er in diesem Jahr gar keine Hexen in der Meinung, daß die sich ein anderes Opfer aussuchen würden. Wie sonst ließ es sich erklären, daß er leichtsinnig die Leiter am Holzschuppen und einen Flachwagen auf dem Hof nicht in Sicherheit gebracht hatte? Einer stieg mit Hammer und Nägeln die Leiter hinauf und nagelte die Schuppentür oben fest an die Wand. Währenddessen beluden die anderen den Flachwagen mit stinkendem Mist und schoben ihn direkt vor die Haustür.

Dä Dunnerbalke
Foto: Heimwerbereimuseum Schalkenmehren

Ganz ohne Geräusche lief die Sache natürlich nicht ab. Plötzlich wurden im oberen Stockwerk die Fenster aufgestoßen und eine wütende Stimme drohte: „Wäile fleeßt heeß Bloot!“ Ein höhnisches Lachen war die Antwort, aber dann wurde es ernst. Aus dem Fenster entleerten sich Wassereimer über unsere Köpfe und Küchengeschirr flog uns um die Ohren, begleitet von Schimpf-

Die Schalkenmehrener Hexenschar – Wer wird das nächste Opfer?
Foto: Verfasser

kanonaden und Flüchen. Das Heidenspektakel lockte schnell die Nachbarschaft aus den Betten, die sensationslüstern die Kontrahenten noch anfeuerte.

Darüber war es Morgen geworden. Im Stall brüllten die Kühe und wollten gemolken werden. Es blieb dem Verteidiger von Haus und Hof nichts anderes übrig als seine schützenden vier Wände zu verlassen und sich durch unser schweigendes Spalier zum Stall zu bewegen. Doch da erlebte er die zweite böse Überraschung: Die Melkmaschine sprang nicht an. Entnervt drehte er sich hilfesuchend nach uns um und erspähte Erwin, den Elektriker. Erw schaute uns fragend an: Soll esch, oder soll esch nett? Unsere Blicke erleichterten ihm die Antwort; er sollte. Mit fachmännischer Routine machte er sich am Sicherungskasten zu schaffen – und schraubte die Sicherung wieder fest, die er vorher unbemerkt losgedreht hatte. Die Melkmaschine lief wieder. Der Bauer atmete erleichtert auf, verschwand um den Mistwagen herum in der Haustür und erschien gleich darauf wieder mit einer Flasche Schabau. Damit nicht genug, trug seine Frau, noch im Morgenrock und versöhnlicher dreinblickend als vorhin noch, eine große Tasche voller Bierflaschen zu uns heraus.

„Daat woar noch schiener unn bässer wie et lätzt Joahr“, freute sich unser ältester Junggeselle, aber jetzt mußte er schleunigst nach Hause und die eigenen Kühe versorgen. Mit breitem Grinsen zogen wir mit ihm ab. Auf seinem Hof vermißte er sofort das Puddelfaß samt Wagen. Nach einigem Suchen fand er sein Faß auf einem Garagenflachdach wieder. Was ihn an der Sache ganz besonders geärgert hat: In der Nacht hatte er selbst mitgeholfen, das Faß da oben hin zu befördern.

Die Mahnung

Nachbarschaftshilfe war auf dem Dorf ebenso selbstverständlich wie unentbehrlich, sei es bei der Heuernte oder beim Dreschen. Jeder half jedem, wenn es sein mußte. Da man auch alle Handwerksarbeiten schon aus Kostengründen möglichst selbst ausführte, war man auch hierbei für jede Hilfe dankbar. Einer, der sich immer ansprechen ließ, seine Hilfe nie versagte, war Johann, unser Mann für alles und jedes. Als gelernter Maurer war er in erster Linie ein Meister der Kelle, aber er verstand sich auch vorzüglich auf allemöglichen anderen handwerklichen Tätigkeiten. Er wußte stets einen Rat und war sich für keine Arbeit zu schade. Er verputzte, sägte, hämmerte und reparierte und erwies sich in allem als ein ausgesprochenes Improvisationstalent. Johann war ein gefragter Mann, und da er nie seine Mitbürger im Stich lassen wollte, nie ein Nein über die Lippen brachte, hatte er so manches Mal dichtgedrängte Arbeitsprogramme zu organisieren, wenn er allen Erwartungen gerecht werden wollte. Nur so ist wohl die Sache mit dem Baugerüst zu erklären.

An einem Sonntag kamen Walter und ich an einer von Johanns Baustellen vorbei und entdeckten ein Gerüst, das so bedenklich windschief sich an die alte Hauswand lehnte, daß keiner von uns sich da hinauf getraut hätte, ohne seinen Zusammenbruch zu befürchten. Als Hobbyfotograf hatte ich auch diesmal meine Kamera dabei und machte ein paar Aufnahmen. Wenige Tage später betrachteten wir die Bilder und fanden das abgebildete Gerüst noch abenteuerlicher als das Original. „Wäile schräiwe mir en schiene Breef onn dä Jerestmeester", beschlossen wir und rieben uns in schurkischer Vorfreude die Hände.

Auf dem Baugerüst

Foto: Verfasser

Von einem Schriftstück der Berufsgenossenschaft trennten wir fein säuberlich den Briefkopf ab, klebten ihn sorgfältig auf einen Bogen Schreibmaschinenpapier und kopierten das Ganze auf einem Kopiergerät, so daß die Montage nicht mehr zu erkennen war. Dann erfolgte der Entwurf des ‚amtlichen' Schreibens: „Die Berufsgenossenschaft für Bau- und Gerüstsicherheit fordert Sie mit diesem Schreiben auf, das in einer Nacht- und Nebelaktion erstellte Baugerüst binnen 24 Stunden zu entfern, da Gefahr für Leib und Leben jeglicher Lebewesen, aber auch der Sachbeschädigung der angrenzenden Gebäude besteht. Ein neues Arbeitsgerüst ist nur nach unseren Vorschriften, unter unserer Aufsicht und mit einer beglaubigten Statik zu erstellen. Sollte die vorgenannte Frist nicht eingehalten werden, wird der Gerüstbauer unbeschränkt haftbar gemacht und eine Fachfirma mit dem Abbau der unerlaubten Bauhilfe beauftragt. Der unkundige Ersteller des vorgenannten Gerüstes hat die Kosten für alle Sicherheitsmaßnahmen ebenso zu übernehmen wie die durch unsere Bemühungen anfallenden Bearbeitungskosten in Höhe von DM 400,00. Dieser Betrag ist auf eines unserer nachstehend genannten Konten binnen acht Tagen nach Erhalt dieses Schreibens zu überweisen. Ersatzweise drohen acht Tage Haft." Und um der Ernsthaftigkeit dieser Aufforderung amtlichen Nachdruck zu verleihen, ließen wir unseren Brief als Einschreiben von der Post zustellen. Als der Empfänger ihn las, fiel er aus allen Wolken und bekam es mit der Angst zu tun. In seiner Not zeigte er uns die verhängnisvollen Zeilen und jammerte: „Wiesuh hoann die Blödmänner daat Jerest jesehn? Waat soll äisch wäile maache? Daat hoann äisch naun von mäiner Joodmedeschkeet! Äisch mooß bestimmt un dä Knast!"

Musterung

Holly und mir war ein amtlicher Bescheid zugestellt worden, der uns nicht gerade in Begeisterung versetzte. Wir sollten zur Musterung. Davon und vom anschließenden Wehrdienst hatten wir schon wahre Schauergeschichten gehört. Und natürlich fehlte es nicht an bewährten Ratschlägen, wie man sich um diese lästige Pflicht herumdrücken oder doch wenigstens den Tauglichkeitsgrad absenken könne. Für den Tag vor der Musterung wurde zum Beispiel empfohlen, viel Alkohol zu konsumieren, große Mengen an überstarkem Bohnenkaffee zu trinken und dazu dicke schwarze Zigarren zu rauchen, damit die Musterungsärzte, die wir uns eher als Metzger vorstellten, nur noch den Herzklabaster diagnostizieren konnten. Diesen Ratschlägen folgten wir beide bereitwilligst. Die Sache hatte leider einen Schönheitsfehler. Holly war schon berufstätig und bekam einen anderen Termin an einem anderen Ort zugeteilt als ich, da ich noch die Schule besuchte. Das verhinderte jedoch nicht, die anschließenden Feierlichkeiten gemeinsam zu begehen. Und Grund zum ausgiebigen Feiern hatten wir beide, denn unsere Hoffnungen hatten sich erfüllt. Holly war wegen der verschiedensten Krankheiten untauglich geschrieben worden, und mich konnte man auch nicht gebrauchen wegen meiner zahlreichen Fußballverletzungen, die mir insgesamt siebzehn Gipsverbände eingebracht hatten und die zum Teil noch nicht ausgeheilt waren. In welcher Heeresabteilung hätte man für uns zwei Frühinvaliden also Verwendung finden sollen?

Trotz aller amtlich bestätigten gesundheitlichen Defizite fühlten wir uns aber nicht zu schwach für einen ausgiebigen Musterungstrunk. Und auf eine gute Tradition wollten wir auch nicht verzichten, nämlich es war Brauch, daß sich die Gemusterten, erkennbar an einem Strohhut mit schwarz-rot-goldenen Schleifen und bewaffnet mit Spazierstock nebst Fahrradklingel, in allen Familien vorstellten und die Musterungseier einsammelten. Dazu gab es den obligatorischen Schnaps. Die Eier wurden am Abend im Lokal kostenlos gebraten, der Schnaps hingegen an Ort und Stelle verarbeitet. Als gelernte ehemalige Klapperführer hatten wir Übung im Eiersammeln und entsprechend einen ausgepolsterten Weidenkorb dabei. Nähere Erklärungen waren angesichts unseres Aufzugs in den besuchten Häusern nicht nötig.

Unser Korb war schon randvoll, und nur noch drei Stationen lagen vor uns. Sie befanden sich am unteren Ende eines abschüssigen Wegstücks, das wir die Gaas nannten. Wie gesagt,

Reservisten
Foto: Günter Kremer, Daun-Neunkirchen

die Gaas war ziemlich steil, und wir beide standen nicht mehr sehr sicher auf den Beinen. Vorsichtig bemühten wir uns, die kostbare Eierfracht sicher nach unten zu tragen, als der erste auch schon ausrutschte und rücklings hinschlug. Da beide die Henkel des Korbs fest in den Händen hielten, riß es auch den zweiten mit, und auch er ging unsanft zu Boden. Der Korb und die Eier machten sich allein auf den Weg und landeten unten genau vor der Tür desjenigen Hauses, das wir als nächstes hatten aufsuchen wollen. Holly schimpfte laut und nannte mich einen Dämel, ich, nicht weniger laut, bezeichnete ihn als Trottel, und so stritten wir uns, wer wohl schuld war an dem ganzen Malheur. Von dem Gezeter neugierig geworden, trat der Hausherr vor die Tür und erfaßte mit einem Blick die Situation. Mißbilligend schüttelte er den Kopf und bemerkte verächtlich: „Ma meent, ma hätt et mott lauter Dollen zo doon. Unn mott sujätt soll ma de Kreesch jewunne!“

Der Goggokiller

Der Decke benutzte zwar sehr gerne alles, was Räder hatte, nur von rücksichtsvoller Behandlung oder gar Pflege der fahrbaren Untersätze hielt er herzlich wenig. Als er im letzten Schuljahr bei einem Bauern eine Nebenbeschäftigung gefunden hatte, kam es ihm nicht so sehr auf die körperliche Arbeit an, wovon er ebenfalls wenig hielt, vielmehr hatte es ihm der Traktor angetan. Er montierte die Arbeitsgeräte an und wieder ab oder brachte den Frauen zur Kartoffelernte im Herbst das Mittagessen aufs Feld, kurz, er nutzte jede Gelegenheit und jeden Vorwand, um damit fahren zu können. Kam jedoch der Feierabend, ließ er die teure Zugmaschine einfach da auf dem Hof stehen, wo er sie zuletzt angehalten hatte. Er überließ es dem Bauern, den Traktor im trockenen Schuppen unterzustellen. Es war schließlich Feierabend. Dem Bauern fielen dabei beinahe täglich neue Mängel und Schäden auf, die auf die Fahrkünste seines Traktoristen zurückzuführen waren. Am nächsten Tag deswegen zur Rede gestellt, stritt der Decke alles ab. „Dau hoß zoletzt dä Traktor jeforre, unn dau boß daat scholt!“

Wenige Jahre später feierten wir wieder einmal zünftig die Kirmes. In der Nacht zum Montag hatten wir schon mit einem lautstarken Fackelzug das Dorf rebellisch gemacht, und am folgenden Tag sollte nach durchzechter Nacht das Remmidemmi natürlich weitergehen. Am Kirmesmontag war es Brauch, daß die Alten sich in den Wirtshäusern zu einem gemütlichen Bier oder zum Kartenspiel trafen. Das war uns alles viel zu ruhig und mußte doch irgendwie zu stören sein. Einem fiel dies ein: „Mir don wäile all de Schoon unn de Socken aus unn stoppen alles unn en Saak. Daan schidde ma se eenfach un de Wirtschaft, unn wän säin Schoon zoletzt fint, moß en Tour jenn.“ Der Vorschlag fand nicht gerade begeisterte Zustimmung, denn unsere Kirmes fällt auf Sankt Martin, und es herrschte bereits der erste Frost. Der Boden war eiskalt, und außerdem lagen auf der Straße noch reichlich Scherben herum von zu Bruch gegangenen Bierflaschen aus der letzten Aktion. Da aber niemand eine bessere Idee hatte, zogen wir Schuhe und Strümpfe aus und marschierten in einer breiten Reihe und unter Gejohle barfuß über die Dorfstraße.

Da tauchte von vorne ein Hindernis auf, ein kleines Goggomobil. Der Winzling wich aber nicht etwa respektvoll zur Seite aus, um unsere Reihe vorbeizulassen, sondern bremste nur leicht ab und hielt zwar langsam, aber geradewegs auf den Decken zu. Der fackelte nicht lange, stieg mit seinen schmutzigen Füßen auf die Kühlerhaube und setzte seinen Weg über den Goggo hinweg einfach fort. Wie ein gereizter Tiger fuhr der Fahrer aus seinem Gehäuse, aber sein Schimpfen und Drohen

Goggomobil
Foto: Guido Fischer, Schalkenmehren

gingen unter in unserem unbändigen Gelächter. Ohne uns sonderlich um den Wütenden zu kümmern, zogen wir weiter, und wir nahmen auch nicht mehr wahr, daß der sein ramponiertes Juwel in Richtung Elternhaus des Decken lenkte. Uns fiel bald nur auf, daß dieser seine strenge Auffassung vom pünktlichen Feierabend merklich gelockert hatte zugunsten etlicher Überstunden an seiner Arbeitsstelle.

Wochen später hockten wir im Wirtshaus beeinander, als der Decke durchs Fenster ein Goggomobil auf den Parkplatz einbiegen sah. Die beiden Insassen kamen herein und gingen, schon bedenklich schwankend, an der Theke vor Anker. Der Decke klapperte mit den Augendeckeln, was soviel hieß wie: Kommt mal eben mit ´raus! Ein Trio verließ die Gaststube, und durch die Scheibe beobachteten wir, wie sie sich draußen am Goggo zu schaffen machten. Hinter dem Haus hatten sie sich vier stabile Holzklötze besorgt, auf die sie das leichte Gefährt aufbockten, so daß die Räder keine Bodenhaftung mehr fanden. Dann setzten sie sich mit Unschuldsmiene wieder zu uns.

Hennes, der Fahrer, und Felix hatten von alldem nichts mitbekommen. Sie hielten sich tapfer an der Theke fest, und als wirklich kein Bierchen mehr in sie hineinpassen wollte, beschlossen sie, sich auf den Heimweg zu machen. Trotz der Dunkelheit fanden sie tatsächlich zu ihrem Auto und quetschten sich mit Mühe und unter Ächzen hinein. Hennes stellte den Motor an und wollte rückwärts auf die Straße setzen, aber der Goggo rührte sich nicht vom Platz. Er bewegte sich auch nicht, als sein Fahrer das Gaspedal voll durchtrat, so daß das gepeinigte Maschinchen in den schmerzlichsten Tönen aufheulte und Qualmwolken aus dem Auspuff quollen. Felix stieg mühsam wieder aus, um die Ursache zu erforschen. Von draußen tadelte er: „Dau hoß joa och kee Lecht onnjemaach, wie soll daat Auto daan och un där Noacht loofe?“ Also ein erneuter Startversuch, diesmal bei eingeschalteten Scheinwerfern, aber die Räder drehten sich weiterhin im Leeren. Entnervt rutschte Hennes auf den Beifahrersitz, kurbelte die Scheibe herunter und forderte seinen ratlosen Begleiter auf: „Suh, Felix, wäile färs dau! Dau hoß suwiesuh keene Führerschäin mieh, dir kinnense dä Lappen och net oafholle.“

Hilfspolizisten

Mit brauchbaren Fußballspielern war unser Dorf nicht immer ausreichend gesegnet. Deshalb mußten vor einem Spiel welche von auswärts mit dem Auto herangeschafft werden, wollten wir nicht mit nur zehn oder neun Mann antreten. Abwechselnd also waren die wenigen Autobesitzer gefordert, diese Transporte auf eigene Kosten zu übernehmen. Siggi, der als Dachdecker bereits in einer großen Stadt arbeitete und dort erheblich mehr verdiente als seine Zunftgenossen auf dem Lande, besaß selbstverständlich ein Auto, eine protzige Limousine.

Damit alle Leute ihn darin auch gebührend bewundern konnten, jagte er an den Wochenenden ständig durch das Dorf, so daß Mensch und Tier nur noch das Weite suchen konnten. Wir aber suchten gerne seine Nähe, denn sein wohlgefüllter Geldbeutel schien nie leer zu werden.

Wieder war ein sonntägliches Fußballspiel beendet, und es folgte das übliche feuchte Beisammensein. Irgendwann erhob sich Bon: „Auf, auf, Kameraden, es wird Zeit. Ich muß jetzt zurück in die Kaserne!" Großzügig erklärte sich Siggi bereit, Bon zu seiner Einheit zurückzubringen, waren doch fünfzig Kilometer für seinen tollen Wagen überhaupt keine Entfernung. Noch schnell ein kleines Helles, und schon konnte es losgehen. „Äisch forre mott", bot sich Kläs an, ein ausgesprochener Autonarr.

Die beiden lieferten Bon wohlbehalten an der Kaserne ab. Auf der Rückfahrt mobilisierte Siggi, der möglichst noch ein paar Stunden mit uns verbringen wollte, alle Reserven seines Feuerofens. Nach kurzer Strecke allerdings war sein Tiefflug schon beendet. Ein Mopedfahrer mit Sozius auf dem Gepäckträger bewegte sich in weit ausholenden Schlangenlinien über die Straße und zwang Siggi zu jähem Abbremsen. Verärgert schlich er hinter dem offensichtlich Betrunkenen her und wartete auf eine Überholmöglichkeit, aber es bot sich keine. Schließlich verlor er die Geduld, schoß mit Vollgas an dem Moped vorbei und hielt wenige Meter davor mit quietschenden Reifen an. Beide sprangen aus dem Wagen und schrien: „Stop! Sofort anhalten!"

Und als der verängstigte Mopedfahrer angehalten hatte, befahlen sie: „Absteigen! Die Karre abstellen oder schieben! Zwei Mann auf einem Moped! So ein verantwortungsloses Gespann hat auf der Straße nichts verloren! Wir sind von der Polizei, und wenn ihr unserer Anweisung nicht folgt, nimmt die Sache hier

Rechts ´ranfahren, bitte!

Foto: Verfasser

für euch ein ganz böses Ende!“ Und zur Bekräftigung seiner Amtsgewalt kommandierte Siggi: „Kommissar Schmitz, holen Sie die Dienstausweise aus unserem Polizei-Privatauto!“ Kläs langte geistesgegenwärtig die Fußballpässe aus dem Handschuhfach und hielt sie dem völlig eingeschüchterten Verkehrssünder, sein Begleiter hatte sich schon in die Büsche geschlagen, kurz unter die Nase, worauf dieser sich ins anscheinend Unvermeidliche fügte. Gehorsam und mit viel Anstrengung schob er sein Moped die steil ansteigende Straße hinauf. Die gestrenge Obrigkeit folgte ihm feixend im Schrittempo und achtete darauf, daß er sich nicht wieder auf den Sattel schwang.

Da tauchten aus einem Seitenweg zwei junge Männer auf, die den schwitzenden Mopedschieber wohl kannten. Neugierig hielten sie ihn an und fragten ihn, was dieser merkwürdige Aufzug bedeuten solle, und er erzählte den ungläubig Dreinschauenden die kurze Geschichte. Siggi und Kläs fanden diesen unnötigen Aufenthalt höchst ärgerlich, stiegen aus und bedeuteten den beiden Hinzugekommenen, sie sollten sich nicht in polizeiliche Amtshandlungen einmischen und gefälligst verschwinden. Die beiden ließen sich aber nicht so leicht abwimmeln. Es entspann sich ein heftiger Disput, der unversehens in eine Prügelei ausartete. Siggi und Kläs, in solchen Dingen nicht ohne Übung, behielten recht schnell die Oberhand. Die Unterlegenen suchten ihr Heil in der Flucht, und der Verkehrssünder machte sich ebenfalls davon. Sein Moped ließ er im Straßengraben zurück.

Wieder zu Hause, gaben unsere selbsternannten Hilfspolizisten zum größten Gaudi aller die Geschichte zum besten. So kam sie auch den beiden Helfern zu Ohren, die die bezogenen Prügel noch nicht verschmerzt hatten. Voller Häme klärten sie den Mopedfahrer und seinen Sozius auf: „Mensch, waat säid dir suh doof. Daat woaren keen Bullen, daat woaren zwiehn von Schalkemärre, dä Siggi unn dä Kläs, unn die hoann äisch dä Foaßballuswäis jewissen. Verr lauter Dämleschkeet hätt dir daat Moped boß noah Kölle meeße däije!“

Schüsseltreiben

Ich hatte eine kaufmännische Lehre angefangen. Die schönen unbeschwerten Jahre in unserem Dorf waren mit einem Mal zu Ende gegangen, und es begann das, was die Erwachsenen mir schon seit längerem mit prophetischem Unterton als den Ernst des Lebens angedroht hatten. Den bekam ich bald zu spüren. Als Stift war man für alle und alles da, mußte morgens bei den ersten sein und durfte abends als letzter gehen. Da blieb für Flausen keine Zeit mehr.

Zu meinem Glück hatte ich einen großzügigen Chef erwischt. Er war Anhänger unserer Fußballmannschaft und sogar im Vereinsvorstand. In erster Linie aber war er begeisterter Jäger, und in Schalkenmehren hatte er die Jagd gepachtet. Im November lud er alle seine Jagdfreunde zur großen Treibjagd in sein Revier ein, und ich als Ortskundiger hatte mit anderen jungen Leuten unseres Dorfes den Treiber zu spielen. Anstatt Regale aufzufüllen oder Lieferscheine zu sortieren, durchstöberte ich Hecken und Unterholz, um den schießfreudigen Weidmännern das Wild vor die Flinten zu treiben. Gottlob waren die Herren nicht allzu treffsicher, so daß mancher Jagdhund gefährdeter schien als mancher Fuchs. Für uns Treiber waren das anstrengende Tage bei oft regnerischem und stürmischem Herbstwetter, aber auf nasse Kleidung und wundgelaufene Füße wurde keine Rücksicht genommen. Gewiß, man entlohnte uns nicht schlecht, aber bei der unberechenbaren Ballerei im dichten Forst wäre eine Gefahrenzulage durchaus angemessen gewesen.

Nach der Jagd

Foto: Verfasser

Zum Abschluß einer jeden Treibjagd bat der Jagdherr die Jagdgesellschft zum abendlichen Schüsseltreiben in den vornehmsten Gasthof des Dorfes. Hier wurden Frischlinge mit einem Pfannenschlag auf den Allerwertesten zum Jäger geschlagen, wurde der Jagdkönig gekürt, und eine Jagdhornbläsergruppe blies ‚Sau tot'. Natürlich wurde auch gehörig getafelt, und die Schabau- und Bierrunden nahmen kein Ende. Kurz, es ging hoch her.

Von diesem Ereignis hatte auch Hotti Wind bekommen, der dafür bekannt war, daß er keine Fete ausließ, sofern sie ihn nichts kostete. Bald nach Monatsbeginn war sein Geldbeutel in der Regel leer, was er so erklärte: „Wär omm Fuffzehnten noch Jäld hott, oß jäizesch oder kaan net hause!" Mein Chef hatte ihn vorübergehend beschäftigt, und so nahm er diesen Umstand zum Anlaß, sich zum angesagten Schüsseltreiben, nicht etwa zur Treibjagd, pünktlich einzufinden.

Wir Treiber aus dem einfachen Volk saßen selbstverständlich nicht am selben Tisch wie die vornehme Jägerschaft. Ohnehin hätten wir ihre Fachsimpeleien nicht verstanden, vom Jägerlatein gar nicht erst zu reden. Hotti setzte sich ungefragt zu uns, führte bald das große Wort, langte voll zu, und sein Bierglas blieb nie leer. Das fanden wir ziemlich unverfroren. Wer hatte schließlich dafür gesorgt, daß wenigstens ein paar Stück Wild – und sei es auch nur mit Glück – erlegt werden konnten? Hotti genügte unsere Gesellschaft plötzlich nicht mehr. Er erhob sich und setzte sich wie ein alter Bekannter zu den erstaunt aufblickenden Jägern, wo er in seinem rotkarierten abgetragenen Arbeitshemd zwischen den Grünröcken erst recht als Fremdkörper wirkte.

Am anderen Tag hörten wir in unserer Stammkneipe, daß Hotti als letzter das Jägerfest verlassen haben soll. Der Wirt bekam das mit. „Wie? Dä Kärl woar opp därr Träiwjacht? Dä hott bäi mir noch vier Bier zo bezolle, unn äisch honn dämm och noch e alt Himm jelient. Dä hott ausjesehn wie en Wilddieb!“ Hotti hingegen war mit sich sehr zufrieden. Bei der Arbeit bemerkte er: „Mänsch, woar daat net schien opp dämm Schüsseltreiwwe? Daat moaß mah ausnotze, die Jäjer honn jenoch Jäld!“ Wochen vergingen. Die Bierrechnung stand noch immer offen, und auch das geliehene Hemd kam nicht zurück. Funz aus der Treibergruppe hatte eine Idee: „Mir maachen dämm en Däkel mott zwanzesch Bier, berechnen verr daat Himm fuffzesch Mark, schräiwen dämm Wirt säin Kontonummer dropp unn drohen wäjen Zeschprelleräi mott da Kripo unn dämm Rechtsanwalt.“ Gesagt, getan! Der Bierdeckel ging am nächsten Tag per Einschreiben an Hotti, diesen Laumann. Nach Wochen verkündete uns der Wirt strahlend: „Loah homm mir e joot Jeschäft jemaach. Achtzesch Mark hott en opp mäi Konto jescheckt! Haut oawend säid ihr mäin Jääst. Dä verjeßt um Läwwe net die Schalkemärrener Träiwjacht!“

Erwachsen

So mancher Stoßseufzer ist unseretwegen schon zum Himmel gesandt worden: Mein Gott, wann weden die Kerle endlich vernüntig?! – Nun, irgendwann stellt sich die Vernunft schon ein, bei den meisten jedenfalls. Die so oft geärgerten und genervten Mitbürger beobachteten erleichtert und mit Befriedigung, daß sich die Interessen der bösen Flegel auffällig zu verlagern begannen. So auch bei mir. Der Fußball war nicht mehr ganz so wichtig, Streiche wollten keinen rechten Spaß mehr machen, und selbst die Freunde standen nicht mehr an erster Stelle. Der Grund war ein sehr einleuchtender: das andere Geschlecht. Statt zum Sportplatz ging ich am Sonntag zum Rendezvous. Meine Angebetete wohnte nur drei Dörfer entfernt. Ihr machte ich heftig den Hof – und nicht vergebens. Nach wenigen Jahren auf Freiersfüßen wurde der Hochzeitstermin abgesprochen.

Allerdings konnten wir nicht so ohne weiteres vor den Traualtar treten. Davor lagen noch ein paar Pflichten, wozu der obligatorische Besuch eines Eheseminars gehörte. Hier gaben sich Ärzte und Geistliche redlich Mühe, die Brautpaare auf ihr neues Leben als Eheleute vorzubereiten. So ein Seminar zog sich über mehrere Stunden hin, und damit niemandem die Lust verging, servierte man belegte Brötchen, Bier und andere Getränke. Natürlich traf man auch alte Bekannte wieder, mit denen man lebhafte Diskussionen führte über das Für und Wider des Ja-Wortes.

Auch Gang aus Darscheid gehörte zur Gruppe. Er beteiligte sich weniger an den Gesprächen, dafür hielt er sich mehr ans Bier. Inzwischen war die Zeit schon weit vorgerückt, und der Dechant wollte zu später Stunde noch ein neues Gespächsthema beginnen. Die Brautpaare fühlten sich jedoch hinreichend aufgeklärt und ließen erkennen, daß sie lieber Schluß machen würden. Der Geistliche fragte etwas ratlos in die Runde: „Nun, was machen wir denn jetzt?“ Gang, von dem bekannt war, daß sein Redefluß mit zunehmender Alkoholmenge arg ins Stocken geriet, hatte sich bisher weitgehend ausgeschwiegen. Jetzt aber setzte er den Schlußpunkt: „F ... Fäier ... oawend, F ... Fäieroawend, leewe Pastur, un Doaschend oß Mu ... Musickfest!“

Regionalliteratur im Helios-Verlag (Auswahl)

Kaufmann: Aus Geschichte und Kultur der Eifel, DM 23,—
Kremer: Das lachende Eifeldorf - Schnurren und Schwänke, DM 24,—
Pracht: täntze, todt und teuffel - Die grausame Spur der Hexenverfolgung in der Eifel, DM 44,50
Lange: Küche, Kinder, Kirche - Aus dem Leben der Frauen in der Eifel, DM 39,80
Lange: Alt-Eifeler Küche Band I Kochen, DM 39,80
Lange: Alt-Eifeler Küche Band II Backen, DM 39,80
Lange: Als feines Fräulein hinterm Pflug - Das ungewöhnliche Leben der Else Pfefferkorn in der Eifel, DM 29,80
Lange: Steht die Sonne auf Stippen ... - Eifeler Bauernregeln und volkskundlicher Wetterglauben, DM 39,80
Lange: Die Jahreszeiten - Eine literarische Reise durch die Eifel, DM 19,80
Schröder: Brauchtumslandschaft Eifel Band I - Bräuche und Feste im Jahreskreis, DM 39,80
Schröder: Brauchtumslandschaft Eifel Band II - Feiern, Feste und Bräuche in Haus und Familie, DM 39,80
Schröder: Brauchtumslandschaft Eifel Band III - Volksfrömmigkeit früher und heute, DM 39,80
Schröder: Von Kesselflickern, Kalkbrennern und Korbmachern - Handwerk und Gewerbe im alten Eifeldorf, DM 39,80
Wagner: Geister, Grafen und Ganoven - Sagen, Legenden aus dem Moselland, DM 32,—
Wagner: Da lacht die Eifel - Schnurren, Schwänke, Schmunzelgeschichten, DM 24,80
Wagner: Sonne, Mond und Sterne - Die schönsten Märchen der Eifel, DM 39,80
Mertes: Mühlen der Eifel - Geschichte, Technik, Untergang, Band I, DM 68,—
Ferber: Vulkaneifelheimat - Bilder aus dem Kreis Daun von 1900-1950, DM 48,—
Ferber: Näh, Näh Härr Landroath - Heiteres aus dem Eifeler Landratsamt, DM 32,50
Hay: Spaß beim Ernst - Heitere Eifeler Anekdoten, DM 24,80
Schäfer: Humor in der Nordeifel - Bemerkenswerte Begebenheiten, DM 24,80
Konrads: Vergessenes Land - Wiederentdeckte Eifel-Fotos von Joseph Jeiter, DM 48,—
Klein: Sagen und Legenden von der Ahr bis zur Mosel, DM 39,80
Elenz: Schienen, Dampf und Kohlenstaub - Zur Geschichte des Eisenbahnbaus in der Eifel, DM 58,—
Hermanns: Verse, die mein Leben schrieb, DM 24,80
Bürger: Henker, Schinder und Ganoven - Unbekannte Kriminalfälle aus der Eifel des 18. Jahrhunderts, DM 39,80
Bürger: Henker, Schinder und Ganoven Teil II - Neuigkeiten zur Kriminalgeschichte der Eifel des 18. und 19. Jahrhunderts, DM 39,80

Hansen: Auf den Spuren des Westwalls - Entdeckungen entlang einer fast vergessenen Wehranlage, DM 58,—

Pitzen: Der Fluch der bösen Tat - Aus der Kriminalgeschichte der Eifel, DM 39,80

Thoma: Hart und herzlich - Dorfgeschichten aus der Eifel, DM 26,80

Thoma: Ich möchte Dir was sagen - Menschen und Landschaften der Eifel - Gedankenvolle Texte mit begleitenden Fotos, DM 19,80

Mayer: Verführt, gezwungen und verloren - Der Klöppelkrieg von 1798 in der Eifel, DM 39,80

Dichter: Tausend Jahre überlebt! Erinnerungen aus einer Kindheit und Jugendzeit in der Eifel, DM 39,80

Pracht: Abschied von der Heimat - Die Eifeler Auswanderung nach Amerika im 19. Jahrhundert, DM 48,—

Thömmes: Tod am Eifelhimmel - Luftkrieg über der Eifel 1939-1945, DM 54,—

Schiffer: Hart und kalt sind ihre Felder - Geschichte und Volkskunde in der Nordeifel, DM 39,80

Huppertz/Kell: Rur - Impressionen eines Wegbegleiters, DM 39,80

Schmitz: Damals in der Eifel - Wiederentdeckte Eifelfotos von Fredy Lange, DM 48,—

Otto/Ose: Musikwelt Eifel - 450 Jahre Musik- und Kulturgeschichte rund um die Eifel - Buch und CD, DM 38,50

Hansen: Mein Berg und Tal - Neue Eifelgedichte, DM 19,80

Niesen: Prinz Joachim und die Schweine - Geschichten und Anekdoten aus der Eifel (1898-1998), DM 39,80

Geschichtsverein „Prümer Land" e.V.: Die Explosionskatastrophe in Prüm am 15. Juli 1949 - Eine Dokumentation, DM 39,80

Bürger, Pitzen, Serve, Zäck: Die Hölle schien losgelassen zu sein - Aus der Katastrophengeschichte des Eifeler Raumes

Lerho: Aachen in alten Zeiten - Personen, Orte, Gebäude & „Ammerölschere", DM 39,80

Lerho: Alt-Aachener Wohnbauten - Ihre Geschichte, Einrichtungen und Bewohner, DM 39,80

Mann: Unser Aachen heute - Aachens Architektur im Stilwandel des 20. Jahrhunderts, DM 29,80

Lange: Eifeler Küche - Mit Kindern kochen, backen und erzählen, DM 38,—

Weber: „Prommeschmaer onn Rouhmestöck - Leben und Arbeiten in der Eifel anno dazumal", DM 39,80

Keppers/Tautges: Prümer Land Album in alten Ansichtskarten - Band 3, DM 39,80

Helios Verlags- und Buchvertriebsgesellschaft
Postfach 39 01 12, 52039 Aachen
Telefon: (02 41) 55 54 26 - Fax: (02 41) 55 84 93